事业单位人力资源开发与管理探索

管文卫 著

延吉·延边大学出版社

图书在版编目（CIP）数据

事业单位人力资源开发与管理探索 / 管文卫著. -- 延吉：延边大学出版社，2024.7. -- ISBN 978-7-230-06814-7

Ⅰ．D630.3

中国国家版本馆CIP数据核字第2024QX8798号

事业单位人力资源开发与管理探索
SHIYE DANWEI RENLI ZIYUAN KAIFA YU GUANLI TANSUO

著　　者：管文卫	
责任编辑：乔双莹	
封面设计：文合文化	
出版发行：延边大学出版社	
社　　址：吉林省延吉市公园路977号	邮　　编：133002
网　　址：http://www.ydcbs.com	E-mail：ydcbs@ydcbs.com
电　　话：0433-2732435	传　　真：0433-2732434
印　　刷：三河市嵩川印刷有限公司	
开　　本：710mm×1000mm　1/16	
印　　张：11	
字　　数：180 千字	
版　　次：2024 年 7 月 第 1 版	
印　　次：2024 年 7 月 第 1 次印刷	
书　　号：ISBN 978-7-230-06814-7	

定价：70.00元

前　　言

事业单位是我国重要的公益性组织机构，承担着社会公共服务供给的重要职能，是中国社会主义现代化建设的重要力量，是实施人才强国战略、科教兴国战略、创新驱动发展战略的重要阵地。事业单位是我国各类优质人才的富集地，其人力资源的开发和管理与我国的社会主义现代化建设密切相关。为此，事业单位要切实把人力资源作为国家的宝贵财富，培养好、管理好人才。

事业单位人力资源开发与管理要围绕人才队伍建设目标，建设一支规模宏大、素质优秀、结构优化、作风优良的人才队伍，为我国社会主义现代化建设提供强有力的人才支撑。事业单位人力资源开发与管理要兼顾开发与管理两个过程，两手都要抓、两手都要硬，既要学会"开源"又要做实"节流"，从人力资源开发中获取源源不断的人才，从人力资源管理中持续降低人才活动的无效减损，从而不断激发人才的创新活力，提高人才的创新效能。

本书首先论述了事业单位人力资源开发与管理的理论基础、价值取向、职能与原则等，然后对事业单位的人才招聘与录用、人力资源培训、绩效管理、薪酬与激励管理等方面的内容进行了阐述。

笔者在撰写本书的过程中，参考了大量文献，在此对相关文献的作者表示由衷的感谢。由于笔者水平有限，且时间紧张，书中不足之处在所难免，恳请有关专家学者批评指正。

管文卫
2024 年 5 月

目　　录

第一章　事业单位人力资源开发与管理概述 …………………… 1

　　第一节　事业单位人力资源开发与管理的理论基础 …………… 1
　　第二节　事业单位人力资源开发与管理的价值取向 …………… 12
　　第三节　事业单位人力资源开发与管理的职能与原则 ………… 18
　　第四节　事业单位人力资源开发与管理制度 …………………… 24

第二章　事业单位人才选聘与任用 ………………………………… 30

　　第一节　事业单位人才选聘与任用概述 ………………………… 30
　　第二节　事业单位管理岗位与专业技术岗位人才选聘与任用 … 34
　　第三节　事业单位领导干部的选拔任用及其监督 ……………… 48

第三章　事业单位人力资源培训 …………………………………… 57

　　第一节　事业单位人力资源培训概述 …………………………… 57
　　第二节　事业单位人力资源培训的流程 ………………………… 72
　　第三节　事业单位人力资源培训模式 …………………………… 91

第四章　事业单位绩效管理 ………………………………………… 98

　　第一节　绩效管理概述 …………………………………………… 98
　　第二节　事业单位绩效考核 ……………………………………… 106

第五章 事业单位薪酬与激励管理 …………………………… 117
第一节 事业单位薪酬管理概述 ………………………… 117
第二节 事业单位薪酬管理的流程 ……………………… 129
第三节 事业单位人力资源激励管理 …………………… 147

参考文献 ……………………………………………………… 168

第一章　事业单位人力资源开发与管理概述

第一节　事业单位人力资源开发与管理的理论基础

一、组织公正性理论

组织公正性理论是事业单位进行人力资源开发与管理的基本理论和准则。罗伯特·B. 登哈特（Robert B. Denhardt）在其所著的《公共组织理论》一书中指出：公平包括平等感与正义感，具体地说，公平的重点就在于去纠正现存社会价值与政治价值分配过程中的不平衡。公正与公平这两个概念有细微的差别，公正是理念化、理想化的公平，而公平则是现实化、具体化了的公正。

20世纪60年代以来，组织公正性理论逐渐形成并发展。组织公正性包括结果公正性、程序公正性、交往公正性。结果公正性又称分配公平性，是指人们对利益分配结果的感受，要求一个人所得到的报酬要与其贡献相匹配，要求组织注重提升员工对利益分配的公平感。程序公正性指人们对决策程序和决策方法公正程度的主观判断。程序公平性能够补偿或减弱不利结果对人们的负面作用，它包括以下六项原则：一致性、中立性、准确性、修正性、代表性和道德性。交往公正性指在程序执行过程中员工所受尊重的程度及其对员工公平感的影响,包括人际公平和信息公平。交往公正性能在一定程度上弥补分配不公和程序不公带来的负面影响。简言之,组织公正性理论主要是引导组织从组织公正的角度提升员工的组织公平感,从而调动员工的工作积极性,最终提升人力资源管理水平。

二、人力资本理论

(一)人力资本理论的形成过程

人力资本理论是经过许多学者的探索和研究,逐渐形成的。早在1644年,古典经济学的代表人物之一威廉·配第(William Petty)就提出了教育的经济价值的观点。通常人们把这一观点视为人力资本理论的萌芽。其后,英国的亚当·斯密(Adam Smith)、阿尔弗雷德·马歇尔(Alfred Marshall)和约翰·斯图尔特·密尔(John Stuart Mill)等都先后在他们的著作中提出了把教育作为一种国家投资的观点,并探讨了如何来资助教育事业、培养人才。亚当·斯密还提出学到有用的知识就是一种财富,应把这种财富列入固定资本范围之内。

最终将人力资本理论系统化和体系化是在20世纪中叶。最先明确提出人力资本概念并做出解释的是美国经济学家沃尔什(J. R. Walsh),他在《人力资本论》中,将人力资本解释为一种内含于人自身的资本——各种生产知识与技能的存量总和,并明确阐释了人力资本的作用。他认为:人力资本不仅是经济发展的外在因素,更是经济发展的内在因素。沃尔什的这一理论观点强调人作为生产者,其有效的生产能力不是取决于数量的多寡,而是取决于人口或劳动者的内在质量的高低。这就是说,如果人口素质低下,即使有庞大的人口数量也不能保证人力资源的有效供给。

（二）人力资本理论的主要观点

经几代学者长期研究而最终形成的人力资本理论涵盖了丰富的内容，其主要观点为以下四点：

第一，人力资源是重要的资源。人力资本理论是经济学的核心理论。现代经济学将资本分成物质资本和人力资本两种形式。人力资本是为提高人的能力而投入的一种资本。人力资本就是体现在劳动者身上、以劳动者的数量和质量表示出来的资本，它对经济发展起着重要的作用，能促使国民经济发展和劳动者收入增加。

第二，在推动经济增长方面，人力资本的作用大于物质资本。在现代化生产条件下，当代劳动生产率的提高，正是人力资本大幅度增长的结果。在某些发达国家，人力资本以比物质资本快得多的速度在增长，因而国民收入比物质资源增长的速度快得多，劳动者的实际收入明显增加，这正反映了人力资本投资的高效益。

第三，人力资本的核心是提高人口质量，教育投资是人力资本投资的主要部分。人力资本包括人口数量和质量，而提高人口质量更为重要。由于教育是提高人力资本的主要手段，所以也可以把人力投资视为教育投资问题。国外许多著名经济学家和教育学家对人力资本理论的研究表明，各个国家的经济发展与其在教育方面的投资成正比。

第四，教育投资应以市场供求关系为依据，以人力价格的浮动为衡量符号。西奥多·舒尔茨（Theodore W. Schultz）认为，我们正处在一个复杂多变的动态世界，一个国家企图制定一个一劳永逸的人才规划，然后按计划去办，这是脱离现实的。办法只有一个，"有需求就有供应"，就是说对教育的投资应根据市场需求进行调节。换句话说，对各类学校的教育投资也要根据市场的需求来决定。

总之，人力资本理论是把人视为管理的核心和最宝贵的资源，而要有效地开发和利用人这种最宝贵的资源，就需要进行必要的投资。人力资本理论就是运用经济学的投入成本与产出收益相比较的方法来分析对人本身进行投资的理论。人力资本理论的形成与发展，对许多国家的发展产生了极为深刻的影响。

（三）人力资本理论对事业单位人力资源开发与管理的指导价值

人力资本理论的上述四个主要观点对事业单位人力资源开发与管理具有十分重要的指导价值。某些西方发达国家政府正是基于这一理论，把加强人力资源能力的建设放在了首要地位，即通过教育和培训提升人力资源的质量，尤其是提升农民的质量，把他们从体能型人力资源提升为技能型人力资源，再从技能型人力资源提升为智能型人力资源，才取得了突飞猛进的发展。任何一个国家，如果不努力发展教育和培训，不全面提升人力资源的质量，就不可能跻身于世界强国之列。

三、"政治-行政二分法"理论

"政治-行政二分法"理论是保证事业单位公平公正的基石。

在西方国家，根据权力的来源不同，国家公务员分为政务类公务员（通常称为政务官）和事务类公务员（通常称为文官）两大类。政务官通常通过选举或任命产生；文官通常通过竞争考试任职，在政治上保持中立。政务官在政府中更多地担负着领导责任，必须具备良好的政治素质。文官行使权力、执行任务都必须有法律依据。文官的行政行为如果超出法律授权范围或违反法律规定，便是违法渎职，要受到司法制裁。他们的职位、地位、待遇也依法受到保障，若非违法失职，则不受免职、停职等处分。

四、劳动分工和科学管理理论

亚当·斯密在其《国民财富的性质和原因的研究》一书中指出：劳动分工和专业化可以提高工人操作的熟练程度，节约同一工人进行不同操作的转换时间；更为重要的、简单的活动可以由机器来替代，从而提高劳动生产率。

亚当·斯密认为，劳动分工能够提高劳动生产率，是国富之源。美国著名管理学家、经济学家弗雷德里克·温斯洛·泰勒（Frederick Winslow Taylor）及其后继者把亚当·斯密的劳动分工思想科学化并大规模推行，持续研究操作方法和动作时间，进而形成了科学管理理论体系。

科学管理理论体系采用多种方法对劳动进行了科学的分析，并进而依据分析结果指导劳动分工。科学管理的基本设想是存在完成一项工作的最合理方式，这种工作方式效率最高、速度最快、成本最低。为此，管理者需要将工作分为最基本的机械元素并进行分析，然后再将它们以最有效的方式重新组合起来。泰勒对劳动时间和作业方法进行了科学的分析。除了时间、动作研究以外，泰勒还认为所挑选的工人的体力和脑力应该尽可能地与工作要求相符合。泰勒提出工作的效率水平是由其中生产率最低的工人的效率水平决定的。他认为要让工人最有效率地工作，就需要用金钱来激励他们。他还依据科学管理理论建立了工资制度和用人制度。例如，泰勒认为只要工人在规定的时间以正确的方式完成了工作，就应该发给他相当于工资的30%到100%的奖金，这就是最初的劳动计量奖励制度。

泰勒的科学管理实验是人力资源管理史上具有里程碑意义的实验，它使人力资源管理从自发管理变成自觉管理和科学管理。实验结论视人力资源管理为一个技术经济系统，它告诉管理者用科学管理的方法管理劳动者会极大地促进生产力的发展。这一理论使人力资源管理成为现代管理的重要组成部分。

五、行为科学理论

行为科学理论产生于 20 世纪 20 年代末 30 年代初，并在 20 世纪 50 年代得到了快速发展。行为科学理论主张运用经事实验证的科学方法来研究人的行为、社会现象和心理现象等。

行为科学理论研究的主要内容有：组织内外环境因素对人类行为的影响；从开放系统的角度来考虑组织的人事管理；从组织的整体行为来探索组织的人事管理；重视薪资报酬制度的合理化；强调工会的地位与作用；激励组织中的员工参与管理；强调对员工的培训与开发教育；重视劳资之间或劳动者与管理者之间关系的和谐。

1924—1932 年，以哈佛大学教授乔治·埃尔顿·梅奥（George Elton Mayo）为首的一批学者在美国西方电气公司霍桑工厂进行了著名的霍桑实验，结果发现人性的相互尊重、人与人之间的相互作用及其归属意识比原来人们想象的要重要得多。后来，哈佛商学院的弗里茨·朱利斯·罗特利斯伯格（Fritz Jules Roethlisberger）等人在 20 世纪 30 年代初期得到的研究结果进一步表明，生产率直接与集体合作及其协调程度有关，而集体协作以及协调程度又取决于主管人员对工作群体的重视程度、非强制性的改善生产率的方法和工人参与变革的程度。

霍桑实验是人力资源管理史上又一个非常重要的实验。根据霍桑实验结果可知，人力资源管理系统是一个社会系统。这一实验结果使人力资源管理从技术管理层面走向社会管理层面，从员工的动作管理走向行为管理，从直观管理走向心理管理，从有形管理走向无形管理。这一实验结果启发人们进一步研究与工作有关的社会因素的作用，促进人际关系运动的产生。人际关系运动强调组织要理解员工的需要，让员工满意，从而提高生产效率。

六、系统理论

管理学中的系统理论对事业单位人力资源开发与管理具有直接的指导作用，加深对系统理论的研究有助于我们更好地认识和把握事业单位人力资源开发与管理所面临的错综复杂的环境，有助于我们在开发与管理各种活动时能够因时、因地制宜，顺利达到预期目标。

系统理论在20世纪60年代趋于成熟，并得到人们较为普遍的认同。系统是指若干相互联系、相互制约的要素按一定方式组成的整体。从这个意义上说，社会是一个系统，人体是一个系统，动物也是一个系统……

系统可分为两种：一是封闭系统；二是开放系统。封闭系统是指不受周边环境影响，也不与周边环境相互作用的系统。科学管理理论所涉及的人或组织基本上属于封闭系统。开放系统是指与周边环境相互作用的系统。系统理论认为，一个组织或部门是由相互依存的多种因素所组成的系统，包括个人、群体、态度、动机、结构、目标和职权等。而管理者的任务就是协调多种因素，以实现共同的目标。

（一）系统理论的特点

如果说科学管理理论是"正"，行为科学理论是"反"，系统理论就是"合"。具体而言，系统理论的精髓在于其综合性、全盘性和生态性。这里所说的生态性是把国家机关、事业单位或企业组织看成一个有机体，它受到社会各种因素及环境的影响，因而它是开放的而非封闭的。系统理论的特点主要有以下几点：

1.综合的适应性

系统理论（通常称其为Z理论）的观点既不同于科学管理理论（通常称其为X理论），也不同于行为科学理论（通常称其为Y理论）。系统理论认为，任何社会组织都不是完全封闭或者是完全开放的。社会组织内部的各个构成单位，因其性质的差异，其开放性或封闭性的程度也不同。这种不同是相互比较的结果，并不是永远固定不变的。

  人们在进行管理的时候应特别注意保持灵活性。因为人与人之间存在差异，他们的愿望不尽相同，他们的行为也各有特点，所以管理者绝不能采用千篇一律的管理方法。单纯地依仗"制裁"，或者单纯地依仗"激励"，都是片面的。每个人的行为、心理等，常常随着环境的变化而变化。管理者应该因时、因地、因事、因人采取不同的管理方法。这就是 Z 理论。这种理论是一种综合性的管理学说，它既不片面强调 X 理论的强制性，也不片面强调 Y 理论的放任性，而是根据具体情况将二者有机地结合在一起。

  2.灵活的弧弹性

  对社会组织的管理，既然不能采取单一的、绝对的管理方法，就需要有更富有灵活性和弹性的管理方法。权变理论就是适应这种需要而产生的一种理论。权变理论的要点有四个：一是就组织形式而言，世界上不存在一套百试不爽的组织原则。所以组织的设计一定要避免千篇一律，切忌原封不动地照搬照抄。二是就操作方法而言，在专业分工日趋细密的时代，昔日行之有效的方法是否在今日仍能普遍适用，应视社会环境及工作技术发展的情况而定。三是就领导方式而言，专断式、放任式和民主式三种领导方式，不存在最佳与最差之分。在一个社会组织中，究竟采用哪种领导方式更适宜，应根据被领导者的素质、教育程度、工作性质等来选择。哪种领导方式更有效，就应该采用哪种领导方式。四是就环境而言，采用何种领导方式还应考虑到社会大环境。在和平安定的环境下和在战乱频仍的环境下，所采取的领导方式显然是不一样的。

  3.效率与效益的并重性

  管理的好坏最终反映在效率与效益之间的关系上。效率是指投入与产出的比。如果投入固定，产出提高了，就意味着效率提高了；如果投入减少了，产出仍能保持不变,那也意味着效率提高了。这里所说的投入是指在进行管理时,投入的资金、人力和设备等。然而,仅有效率是不够的,管理还讲究活动的效益。也就是说,管理者的管理活动只有达到预定的目标,才算是有效益的。可见,效率涉及的是活动的方式,效益涉及的是活动的结果。或者说,效率是手段,效益是结果。效率追求的是在资源利用时的低耗费,效益追求的是目标实现时的高成就。因此,只问目的、不择手段的管理观念已经过时。系统理论所倡导的最佳管理应该是效率与效益并重的,只讲效率、不讲效益或者只讲效益、不讲效率都是不太恰当的。

4.效率的层次性

科学管理理论讲求机械的效率观;行为科学理论讲求社会的效率观;系统理论则讲求层次的效率观,或者说讲求效率的层次性。

系统理论将效率分为以下三个层次:

一是技术层次,也称运作层次。在这个层次上工作的一般是初级员工,他们与社会环境无直接的密切联系,处于封闭系统。他们所关注的只是所要达到的生产目标。

二是管理层次,也称行政层次或协调层次。处于这个层次上的员工,属于中级人员。他们的任务是协调企业或机关内部各单位的工作,以使整个企业或机关成为和谐、统一的工作整体。他们也负责企业或机关与外部环境的联系。总之,作为企业或机关的中级人员主要致力于人事的协调、单位之间的相互配合及上下左右的沟通。他们的所作所为属于半开放式行为。

三是策略层次,也称高等层次。企业的董事长、行政机关的行政首长都属于此层次。高等层次的人士同客观的社会环境经常发生直接的关系,他们必须考虑社会关系、国家政策、企业或机关的使命等一系列全局性的问题。因此,他们的行为基本属于开放式的。

（二）系统理论对事业单位人力资源开发与管理的指导价值

系统理论对事业单位人力资源开发与管理具有十分重要的指导价值，这主要体现在以下几方面：

1. 有助于相关人员在开发与管理的各项活动中更加深刻、明确地认识组织机构

以往的管理学理论只注重对机构内部的研究，而忽略了外在的诸多因素。将系统外部的不确定因素与内部因素联系在一起加以分析，有助于更加深刻、明确地认识组织机构本身。

科学管理理论的研究方法偏重机械性方面；行为科学理论的研究方法侧重人的需要方面；系统理论的研究方法则注重整体的分析与研究，不仅研究组织与外部环境的关系及其相互间的影响，而且研究组织机构内部的各层级系统，并将这些内容加以分析综合，进而得出比较全面、完整的结论。

2. 使实施管理的方式和方法更加灵活

系统理论不崇尚万变不离其宗。一个组织机构遵循何种原则、以何种方式进行管理，应该根据具体情况进行具体分析。例如，被许多人推崇备至的民主式、参与式的管理方法。管理者面对错综复杂的形势，在一个知识程度较低的群体内运用此方法，未必就能取得很好的效果。所以，一个企业或机关，应该因时、因地、因人采用灵活的管理方法。

七、马克思主义人才观

马克思主义认为，人才是指与社会生产力发展和社会进步要求相适应的具有一定思想道德品质、科学文化素养和创新才能或能力的现实的人。具体而言，马克思主义人才观的主要观点如下：

第一，人才是阶级性与人民性的统一。

人才是道德品质与行为能力的有机统一，是"德"与"才"的统一。人才虽然具有鲜明的个性特征，但也必然带着特定阶级和广大人民群众共同具有的一般性特征。人才既反映和代表着特定阶级的利益和要求，为特定阶级服务，又作为广大人民群众的一员，共同发挥创造历史的主体作用。

第二，人才是实践性与先进性的统一。

任何一个人才的品质与才干的养成和提升，都离不开特定的社会实践活动。尽管人的遗传因素和先天素质存在着一定的差异，但这些不是人能否成才的决定性因素。归根到底，人才是在后天的社会实践活动中培育和造就的。每个人成才的机会、动力、目的、条件等，都是在社会实践中产生的，人才的品质与能力及其贡献度，只有在社会实践中才能得以验证。如果离开社会实践，那么人也就没有成才的基础和环境。此外，人才是最活跃的先进生产力。历史唯物主义认为，人是生产力中最积极、最活跃的因素，人一旦拥有了特定品质和才干而成为人才，也就成为人力资源中的先进部分，不仅会推动社会进步，而且会促进人类文明程度的不断提高。人才对社会经济、文化发展的创造性贡献，决定了人才是先进生产力，具有先进性的品质和特征。

第三，人才是历史性与时代性的统一。

历史唯物主义认为：人才必然受到特定社会历史条件的制约，必须顺应社会历史潮流；人才承载着特定的社会历史使命。人才的历史性也表明，人才是特定历史阶段即特定时代的产物，具有鲜明的时代烙印和时代特征。只有那些能够承担时代任务和满足时代要求的人，才能成为人才。历史孕育和造就了人才，每一段历史的使命和需要赋予了该时期人才为之奋斗的力量。任何一段历史，都会培育出属于自己的人才；同样，任何一个人才，也必然会不断适应自己所处的时代。

第四，人才是广泛性与层次性的统一。

马克思主义群众史观认为，社会的进步和发展对人才的需求总是广泛而多样的，因而社会实践造就出来的人才必然也是多种多样的。随着人类社会的演进，人类社会生活越来越复杂多样，各行各业均需要大量人才。历史实践表明，不管任何时代、任何历史时期，都会涌现出大量的适应社会发展需要的人才，也就是说，人才是广泛存在的。同时，由于人类的社会生活领域和社会实践活动具有层次性的特点，所以人才同样具有层次性特征。在任何一个社会历史时期，人才的内在品质与能力结构及其在社会分工结构中的分布状况都具有一定的差别。

第二节　事业单位人力资源开发与管理的价值取向

事业单位人力资源开发与管理的价值取向，是人们对事业单位人力资源开发与管理的应然状态的理性思索。从中国国情出发，着眼于现代事业单位人力资源开发与管理的一般规律，当代中国事业单位人力资源开发与管理应坚持服务价值取向、效率与效益统一价值取向、权利与责任统一价值取向、公正价值取向等。

一、服务价值取向

提供服务是事业单位存在的合理性和基本价值之所在。对事业单位人力资源进行开发与管理，必须坚持向社会提供优质服务的价值取向。在当代中国，事业单位人力资源开发与管理的服务价值取向，就是指在全面贯彻和落实习近平新时代中国特色社会主义思想的前提下，努力为保护和促进先进生产力的发展提供服务,为维护和保证社会政治稳定提供服务,为实现人民的意志和利益提供服务等。

(一)为保护和促进先进生产力的发展提供服务

历史唯物主义认为,生产力和生产关系、经济基础和上层建筑的矛盾,构成社会的基本矛盾。这个基本矛盾决定着社会性质的变化和社会经济、政治、文化的发展方向。而在社会基本矛盾中,生产力始终是最活跃的因素,是社会发展的最终决定力量。因此,敏锐地把握中国社会生产力的发展趋势和要求,坚持以经济建设为中心,通过制定和实施正确的路线方针政策,采取切实的步骤和措施,不断促进先进生产力的发展,始终是事业单位人力资源开发与管理的根本任务,也是检验事业单位人力资源开发与管理的价值与成效的根本标准。一切符合先进生产力发展要求的事业单位人力资源开发与管理的制度和措施,都要毫不动摇地予以坚持;反之,不符合的就要实事求是地予以改革和纠正。

由于人是生产力中最具决定性的力量,包括事业单位人力资源在内的全部人力资源,是推动中国社会先进生产力发展的第一资源和基本力量。由于事业单位的特殊性质和地位,事业单位人力资源对推动生产力的发展具有关键性作用。所以,通过对事业单位人力资源进行有效开发与管理,不断提高他们的思想道德素质和科学文化素质,不断提高他们的工作技能和创造才能,不断提高他们的公共管理水平,充分发挥他们的积极性、主动性和创造性,始终是坚持为先进生产力服务的价值取向的基本要求。

(二)为维护和保证社会政治稳定提供服务

事业单位工作人员作为公共权力的执行者和公共事务的管理者,必然要承担起维护和保证社会政治稳定的责任。坚持为维护和保证社会政治稳定提供服务,最主要的就是维护基本政治格局和政治秩序的稳定,包括坚持人民民主专政、人民代表大会制度、中国共产党领导的多党合作与政治协商制度、民族区域自治制度等一系列基本政治制度，其中的关键就是维护党的领导地位和执政地位，忠实地执行党的基本路线、方针和政策，这是由党的性质和党在社会主义革命与建设中的伟大作用决定的。坚持中国共产党的领导地位，贯彻"党管干部"的原则，能够维护基本的政治格局和政治秩序，能够保持政策的连续性，从而实现社会政治稳定。

（三）为实现人民的意志和利益提供服务

事业单位工作人员是人民所授予的公共权力的执行者，是公共意志和公共利益的实现者，必须为实现人民的意志和利益提供服务。我国宪法第二条规定："中华人民共和国的一切权力属于人民。人民行使国家权力的机关是全国人民代表大会和地方各级人民代表大会。"人民通过人民代表大会把自己的意志上升为国家意志，并通过法律形式把国家意志表现出来，任何机关、团体、政党、个人都必须遵守。事业单位在人力资源开发与管理过程中，必须严格遵守人民代表大会制定的管理国家工作人员的有关法律，做到有法可依、有法必依。同时，人民又通过人民代表大会将管理国家事务的公共权力委托或授予事业单位行使，这就要求事业单位工作人员必须代表人民掌好权、用好权，为实现广大人民的利益而努力工作。

二、效率与效益统一价值取向

事业单位人力资源开发与管理的效率，通常是指事业单位在开发与管理人力资源的过程中所作的投入与所获得的实际回报之间的比率。如果消耗的人力、物力、财力的综合数量大，而取得的回报少，则表明效率低；反之，则效率就高。事业单位人力资源开发与管理注重效率就是要力求以最少的人力、物力、财力和时间的消耗，取得尽可能大的产出。

然而，事业单位人力资源开发与管理仅有效率是不够的，还要讲求效益。也就是说，事业单位人力资源开发与管理一定要实现其预定的目标，目标实现了才算是有效益的。这主要表现在事业单位人力资源开发与管理的投入与所获得的综合社会效益的正比例关系上。事业单位人力资源的开发与管理所需要的投入及所耗费的资源，归根到底都来源于社会，即其成本都由社会来承担。从这个意义上来说，社会投入的资源与所获得的综合社会效益之间的比率，必然是衡量事业单位人力资源开发与管理效益的根本标准。这就要求事业单位人力资源开发与管理，必须是利国、利民的高效服务性活动，必须体现国家、社会和人民的需要。如果事业单位人力资源开发与管理忽视这种质的规定，单纯地追求速度和数量，就可能给社会带来危害。因此，事业单位人力资源开发与管理，应该始终坚持效率与效益统一的价值取向。

三、权利与责任统一价值取向

事业单位人力资源开发与管理不是单纯地对事业单位工作人员进行监管、控制和约束，进而要求其履行责任与义务的过程，还是维护和实现事业单位工作人员基本权利的过程。按照权利与责任相对应的原则，实现权利和责任的有机统一，是事业单位人力资源开发与管理的基本价值取向之一。

事业单位人力资源开发与管理坚持权利与责任统一价值取向的前提和基础，是实现公民权利与公民责任的统一。事业单位人力资源开发与管理的对象是事业单位的工作人员，而我国事业单位的工作人员也是公民。国家宪法和法律所赋予公民的基本权利，在事业单位人力资源开发与管理过程中，必须得到切实的维护。在社会主义国家，国家的一切权力属于人民，事业单位所拥有的公共管理权力在根本上来源于人民，是人民赋予的。事业单位人力资源管理不能独立于人民的权利和意志之外，它必须受到人民群众的监督。事业单位在进行人力资源开发与管理的过程中，必须尊重公民的权利。每一个符合事业单位任职条件的公民，都不能因种族、性别、财产等的不同而受到不合理的限制，都应得到平等对待。此外，公民在享有基本权利的基础上，也要对自己的行为承担相应的责任。

事业单位人力资源开发与管理的权利与责任统一价值取向的核心，是实现公务权利与公务责任的统一。公务权利是指事业单位工作人员所承担的公共职务及其执行公务时所享有的权利。当公民通过合法途径进入事业单位后，其角色也随之发生了变化，在享有公民权利的同时又享有事业单位工作人员的权利。事业单位工作人员，除了享有基本权利，也必须履行相应的责任。我国宪法及其他相关法律对事业单位工作人员必须履行的责任做了明确规定。

四、公正价值取向

公正一直是人们从事社会生活和政治生活所共同追求的基本价值取向。

在事业单位人力资源开发与管理过程中坚持公正的价值取向，就是要在事业单位工作人员的选拔、任用、考核、奖惩、晋升、培训直至退休的各个环节上都做到公平、无偏私。

从我国的实际出发，在事业单位人力资源开发与管理过程中坚持公正的价值取向，可从以下几点着手：

第一，要想在事业单位人力资源开发与管理过程中坚持公正的价值取向，建立健全体现公正的事业单位人力资源开发与管理的法律法规体系是很有必要的。严格依法进行事业单位人力资源开发与管理，是实施依法治国方略、建设社会主义法治国家的重要内容和基本要求。完备的相关法律法规体系，可使事业单位工作人员明确自己的权利和义务，也有助于事业单位人力资源开发与管理工作的开展。

第二，要想在事业单位人力资源开发与管理过程中坚持公正的价值取向，就要进一步完善事业单位人力资源开发与管理的程序，进而实现程序公正和结果公正的有机统一。程序公正是在事业单位人力资源开发与管理的各个环节上贯彻公正原则的必然要求和具体表现，结果公正是事业单位人力资源开发与管理实现公正价值取向的主要标志。程序公正是结果公正的必要前提和保证，结果公正则是程序公正追求的目标。在事业单位人力资源开发与管理过程中坚持公正的价值取向，要注意结果公正，更要注意程序公正。我们不能简单地以结果公正或程序公正来判断事业单位人力资源开发与管理的过程是否是公正的，而应将结果公正、程序公正结合起来进行判断。

第三，要想在事业单位人力资源开发与管理过程中坚持公正的价值取向，就要建立健全事业单位人员选拔任用制度。事业单位应坚持公开招聘；坚持公开、平等、竞争、择优的原则；认真执行事业单位公开招聘有关文件规定，规范方案制定、信息发布、考试报名、资格审查、笔试、面试、考核、体检、公示和聘用等基本环节，严把方案制定核准关、报名资格审核关、笔试面试关；严肃招聘工作纪律，建立健全公开制度、保密制度、回避制度、监督制度、集体决策制度和舆情监测报告制度，切实做到信息公开、过程公开、结果公开，确保招聘工作的公开、公平、公正。在事业单位人力资源开发与管理的过程中，人员的选拔任用是关键环节。要想在事业单位人力资源开发与管理过程中坚持公正的价值取向，首先就要注重选拔任用上的公正，其核心在于任职机会上的公正。事业单位人员任职机会上的公正，主要体现在人们谋取公共职位的机会均等和接受教育的机会均等两方面。人们谋取公共职位的机会均等，就是指事业单位的职位应该向每个符合职位条件的人开放，不受性别、身份、财产等的限制。接受教育的机会均等，就是指每个人都应该享有均等的接受教育以达到公共职位任职资格条件的权利。具体地说，事业单位应通过大力推进义务教育、高等教育等，提高公民的受教育水平和职业技能，使那些想谋求公共职位的人，都能有机会使自身的素质满足公共职位的要求。只有实现人们谋取公共职位的机会均等和接受教育的机会均等的有机统一，才能真正实现事业单位人员选拔任用上的公正。因为如果只有公共职位的开放，而不为谋求这些职位的人提供必要的教育措施，这种职位的开放就失去了真实的意义。同样，如果只为公民提供受教育的机会，而不把公共职位向社会开放，即便公民满足了任职的条件，也与公共职位无缘。

第四，要想在事业单位人力资源开发与管理过程中坚持公正的价值取向，就要通过切实有效的思想政治工作和宣传工作，使公平正义的理念深入人心，确保事业单位人力资源开发与管理的公正价值取向得到人们的认同。事业单位在人力资源开发与管理活动中既要处事公道，也要取信于民，以得到人民群众的认同。如果人民群众不相信事业单位在人力资源开发与管理活动中是公正的，那么事业单位的工作的开展将会比较艰难。因此，事业单位应确保人力资源开发与管理工作的公正性、合理性与合法性。

第三节　事业单位人力资源开发与管理的职能与原则

一、事业单位的人力资源开发与管理职能

事业单位的人力资源开发与管理与事业单位的组织管理、专业技术管理、机关财务管理一样，是事业单位的专项管理工作之一。概括地说，事业单位的人力资源开发与管理的职能主要有如下几个方面：

（一）规划职能

规划职能是指事业单位负有对自身人力资源的供求关系进行宏观预测和统筹规划的职责与功能。具体来说，就是事业单位对当前和未来一定时期内事业单位人力资源的需求数量、需求质量、需求结构等与社会可能提供给事业单位的人力资源的数量、质量、结构等进行预测，并制定规划以确保事业单位人力资源的供求处于平衡状态。

（二）选用职能

选用职能就是事业单位所承担的吸纳社会优秀人才充实工作人员队伍的职责与任务，如事业单位工作人员的选拔、招聘、委派等。

事业单位工作人员选用的依据主要有以下几点：一是党和国家所确定的人事制度和用人标准；二是国家法律法规所规定的事业单位的组织规模与职位编制；三是备选人员的自身素质和能力条件。事业单位工作人员选用的目的是实现国家和社会的进步与人才发展需求的统一，达到事得其人、人适其位、人尽其才、才尽其用的良性发展状态。

（三）整合职能

整合职能是指事业单位所承担的协调人力资源的内部与外部关系，确保全体工作人员同心同德、密切配合、行动一致的职责。事业单位通过必要的法规和纪律约束，开展深入细致的思想政治工作和扎实有效的精神文明建设活动，从而使事业单位的工作人员树立正确的世界观、人生观、价值观，从心理上认同事业单位的责任与目标，进而尽心尽力、协调一致地完成各方面的工作。

（四）保障职能

保障职能是事业单位对工作人员的保护责任。为了确保事业单位工作人员更好地履行其管理社会公共事务的职责，事业单位必须为工作人员提供必要的工作和生活条件保障，主要包括工资、保险、安全等方面的基本保障。

二、事业单位人力资源开发与管理的原则

事业单位人力资源开发与管理的原则，是事业单位人力资源开发与管理实践的基本经验的概括和总结，是事业单位在进行人力资源开发与管理过程中应当自觉遵循的规范和准则。

概括起来，事业单位人力资源开发与管理的原则主要有统一开发与管理原则，选贤任能原则，职、责、权、利相对应原则，激励竞争原则，整体效益原则，民主法治原则等。

（一）统一开发与管理原则

统一开发与管理原则要求事业单位人力资源开发与管理必须有统一的目标、统一的方式方法和统一的行为规范。

一方面，坚持统一开发与管理原则是由事业单位的特殊性质决定的。事业单位工作人员肩负着代表国家和人民管理社会公共事务、谋求社会公共利益的使命。要完成如此重要而又神圣的使命，事业单位应积极建设目标和行为等高度一体化的工作队伍，使他们能够朝着统一的目标奋进。另一方面，坚持统一开发与管理原则是事业单位工作人员的行为与工作特点的要求。一般而言，在人类的社会生活中，人们的行为和活动都有自觉的意志和预期的目的，但这些意志和目的往往并不一致，有的甚至相互对立，这就需要加以协调与控制，以形成合力。事业单位人力资源的开发与管理更是如此。有统一的目标，事业单

位工作人员才能在行为与工作方面形成巨大合力,从而达到预期效果。如果没有统一开发与管理原则,事业单位人力资源组织系统内就会各行其是,其结果只能是力量分散或相互冲突,达不到开发与管理的目的。

实现和贯彻统一开发与管理原则,在事业单位人力资源开发与管理的每一个具体环节上都要有相应的具体措施。综合起来看,主要应妥善处理下面几种关系:

第一,必须正确处理事业单位与执政党的关系。在资本主义国家,事业单位虽然表面上具有"中立"的地位,但实际上它是无法独立于执政党的领导和控制之外的。事业单位所执行的意志从根本上来说就是执政党的意志,或者说是转化为国家意志的执政党的意志,这不仅是维护国家统一和政治稳定的需要,而且是各级事业单位人力资源统一开发与管理的前提与保证。我国也是如此,在社会主义现代化建设过程中,事业单位必须自觉地在思想上和政治上始终同党中央保持一致。

第二,必须妥善处理事业单位内部集权与分权的关系。事业单位是共同行使社会公共事务管理权的组织,为了保证公共管理权的统一使用和良性运作,必须建立起结构合理、配置科学、程序严密、制约有效的权力运行机制,其关键就是正确处理集权与分权的关系:有关全局的管理权必须集中,没有集中就没有统一;有关局部的具体管理权与执行权则需要分工明确,否则局部工作就不能顺利展开。

第三,必须正确处理统一性与灵活性的关系。事业单位人力资源开发与管理的统一原则并不是指在一切方面的绝对一致,主要是指在总的目标方向上和共同的行为规范上的统一。在统一的目标、统一的步调之下必须伴之以各种具体工作上的灵活性和创造性,形成既有民主又有集中、既有统一意志又有个性的局面。

（二）选贤任能原则

选贤任能原则是指事业单位严格按照高效行使公共管理职能的需要和相应的职位要求考察人员的素质与能力，以德才兼备为标准进行择优任用。

事业单位工作人员是社会公共管理职能的承担者，是公共意志的代表者，也是公共利益的维护者和实现者。事业单位工作人员的特殊地位与任务，要求他们既要具有为公共服务的本领，也要具有为公共服务的品德，也就是要德才兼备。所以，事业单位人力资源开发与管理必须坚持选贤任能原则。

事业单位贯彻和落实选贤任能原则的基本要求是对工作人员进行合理配置，即根据人员的素质、能力和专长，安排适当的岗位和任务，使人员从事适合自己的工作，使人员的才能与德行能够与事业单位的职位要求相适应。

（三）职、责、权、利相对应原则

职位、责任、权力和利益相对应，是实现事业单位人力资源有效开发与管理的重要原则之一。所谓职位，是指事业单位为履行公共管理职能而设置的公共岗位及相应的工作任务。所谓责任，是指事业单位人力资源在完成特定岗位的工作任务过程中应履行的义务和应承担的后果。所谓权力，是指事业单位人力资源在岗位职责范围内所拥有的支配力量。所谓利益，是指事业单位人力资源与完成岗位职责和工作任务相适应的物质和精神收益。坚持职、责、权、利相对应，就是要做到职位分明、责任明晰、权力明确、利益实在，保证事业单位工作人员适得其位，使得事有人管、管事有权、权连其责、利随其绩。

（四）激励竞争原则

激励竞争原则是指通过建立合理的激励机制，营造公平有序的竞争氛围，激发工作人员的潜能和工作动力。

激励竞争原则是激励机制和竞争机制的有机结合，其宗旨在于通过激励和竞争把事业单位工作人员自我发展的积极性和竞相发展的主动性结合起来,促进事业单位工作人员自身价值实现需求与组织目标实现过程的统一。

在事业单位人力资源开发与管理中应用激励竞争原则,应以满足工作人员的自身利益需求为出发点。行为科学的研究成果表明,人的行为都具有某种动机,而人的动机又源自人的需求欲望。可见,人的利益需求欲望是人们采取行动的内在驱动力。要想贯彻激励竞争原则,就要满足事业单位工作人员的利益需求、引导事业单位工作人员的行为取向等。当然,人们的需要是多种多样、无穷无尽的,但概括起来不外乎物质利益需求、精神利益需求和自我价值实现需求三种类型。因此,激励竞争机制的确立也应主要针对这三种需求的满足。此外,事业单位应适度限制工作人员的需求欲望,做到激励竞争既与人的不断增长的需求欲望相适应,又与社会经济、政治的实际发展状态相适应,从而保证激励竞争机制持续有效地发挥作用。

(五)整体效益原则

整体效益是衡量事业单位整体工作成效的重要指标,是事业单位所提供的公共物品和公共服务的质与量相统一的综合性指数。整体效益的具体测量尺度主要包括整体工作效率、宏观经济效益和综合社会效果三个方面。整体工作效率是指事业单位工作协调的速度、节奏和成效;宏观经济效益是指事业单位在实现组织目标的过程中把人力、物力和财力的消耗降低到最低程度,并促进经济社会的发展;综合社会效果则是指事业单位为社会经济、政治和文化等各方面事业提供服务的程度和公共利益的实现程度。用最小的成本消耗获取最优的整体效益,始终是事业单位人力资源开发与管理的基本目标之一。

(六)民主法治原则

民主法治原则是指事业单位人力资源的开发与管理必须在民主的基础上依法进行。由于事业单位工作人员是国家和人民所授予的公共权力的执行者,所以要保证事业单位人力资源开发与管理工作的公共性质，必须坚持民主法治原则。

坚持和贯彻民主法治原则，就要实现事业单位人力资源开发与管理工作的民主化。而要想实现人力资源开发与管理工作的民主化，事业单位就要全面公开人力资源开发与管理的依据、内容、规范、过程及目标，接受社会各界的广泛民主监督，提高办事的公开性与透明度，密切联系人民群众，从而提高人民群众对事业单位人力资源工作的认同感和信任度，这对促进整个社会的政治稳定和经济文化事业的协调发展具有重要意义。

第四节　事业单位人力资源开发与管理制度

一、事业单位人力资源开发与管理制度的意义

事业单位人力资源开发与管理制度就是由国家性质所决定的关于事业单位人力资源开发与管理的规则与规范体系。

事业单位人力资源开发与管理是一个国家公共管理活动和政治管理活动的重要方面。事业单位人力资源开发与管理制度从根本上来说，不过是一个国家选择和任用对维护政治关系秩序有用之才的标准和原则的固定化形态，是一个国家政治制度体系中不可缺少的重要组成部分。不同性质的国家，必然会有不同性质的人事管理制度。虽然不同国家的人事管理制度会因反映人事管理的一般规律具有某些共性，但是这些共性都是以不背离由国家性质所决定的政治

发展道路和方向为前提的。

事业单位人力资源开发与管理制度的核心是人事管理权的配置关系。人事管理权主要是指人事的任用权和使用权。具体来说，人事任用权主要包括人事提名权、审查权和任命权等；人事使用权主要包括人事职位变更的考核权和决定权等。人事管理权的配置关系就是关于上述这些权力的归属与分配及其主体之间的相互作用的关系。在现代社会，随着民主政治的发展，可以分享人事管理权的主体表现出了多样性，主要有政党（特别是执政党）、国家权力机关、国家行政机关、其他政治组织或利益集团等。如何确认和安排这些主体在事业单位人事管理中的地位、权力分配、权限范围及其行使权力的方式等，是事业单位亟须解决的核心问题。

事业单位人力资源开发与管理制度是事业单位人力资源开发与管理的原则与价值取向的具体化。事业单位人力资源开发与管理过程既要遵循一些基本原则，又要坚持一些基本的价值取向，但这些基本原则与价值取向并不仅仅是理念的抽象概括，它们会通过事业单位人力资源开发与管理工作具体表现出来。事业单位人力资源开发与管理的原则与价值取向，对事业单位人力资源开发与管理制度的形成有较大影响。此外，事业单位人力资源开发与管理制度又为事业单位人力资源开发与管理原则和价值的实现提供了具体保证。我们既可以透过各种事业单位人力资源开发与管理制度追寻它们的原则定位和价值基础，又可以按照事业单位人力资源开发与管理的原则要求和价值取向不断完善制度。

事业单位人力资源开发与管理制度的精髓是法治与德治的有机结合。在事业单位人力资源开发与管理中贯彻法治精神，是现代社会的基本要求，是依法治国的具体体现。事实上，事业单位人力资源开发与管理制度本身就是规定事业单位人力资源之间关系及约束他们行为的各种规则、规章的总和。围绕事业单位人力资源开发与管理形成的法律、法规和规章，也可以说是事业单位人力资源开发与管理制度的主要表现形式。在事业单位人力资源开发与管理过程中，相关人员应该严格依法办事，不能掺杂私人情感，这也是事业单位人力资源开发与管理制度的基本要求。同时，事业单位人力资源开发与管理工作归根到底又要以人为本。事业单位应充分尊重工作人员人格，积极关注其情感需求，以充分发挥工作人员的积极性、主动性和创造性。这就要求事业单位在人力资源开发与管理制度层面注重德治，加强对事业单位工作人员的人文关怀。

建立健全事业单位人力资源开发与管理的制度，对促进事业单位人力资源队伍的结构和功能的优化，坚持和贯彻党的路线、方针和政策，保证物质文明、政治文明和精神文明的协调发展具有重要意义。

（一）有利于促进事业单位人力资源整体结构的优化和整体功能的充分发挥

众所周知，事业单位整体功能发挥得如何，归根到底取决于其工作人员的素质、整体结构状况等。事业单位人力资源开发与管理制度正是从选人、用人、培养人等几个方面实现事业单位人力资源整体素质和结构的优化。如果事业单位人力资源开发与管理制度不健全，则必然会使事业单位无法科学获取人力资源，无法有效配置人力资源，造成人才的流失和浪费，从而降低事业单位的管理水平。

（二）有助于从源头上遏制腐败

事业单位人力资源是代表人民行使公共权力的主体，为社会提供廉洁高效的服务是其基本责任。公共权力本是公民的共同权力，为全体公民共同所有。但在现实社会生活中，公共权力的行使不可能由全体公民来共同行使，而只能由其代表（或委托人）来行使。在中国，公共权力是通过人民代表大会制度，并以宪法和法律规定的形式，赋予国家机关工作人员行使的。在现实生活中，某些事业单位工作人员利用公共权力谋取私人利益。反腐倡廉，不仅靠自律，更要靠制度。只有实现事业单位人力资源开发与管理的制度化，才有助于从源头上遏制腐败。

为此，事业单位应做好以下几点：

第一，通过制度把那些坚持四项基本原则、能够实践党的全心全意为人民服务宗旨的人选拔到事业单位任职，为反腐倡廉提供组织保障。

第二，通过制度加强事业单位工作人员的教育与培训，使事业单位工作人员不断提高为公共利益服务的政治思想觉悟和技能，为反腐倡廉提供思想上的保障。

第三，通过制度对事业单位工作人员的工作与行为进行考核与监督，为反腐倡廉提供机制保障。

（三）有利于推动政治文明建设，促进物质文明、政治文明和精神文明的协调发展

事业单位人力资源开发与管理制度主要从组织人事方面推动政治文明建设，促进物质文明、政治文明和精神文明的协调发展。健全的事业单位人力资源开发与管理制度，有助于调动各种政治主体的积极性，理顺事业单位与各种政治组织的关系，从而有利于社会政治稳定和政治文明的发展。同时，完善的事业单位人力资源开发与管理制度，既可以约束规范事业单位工作人员的行为，提高事业单位工作人员自我约束和自我管理的程度，又可以使事业单位工作人员的权利和地位得到保障，从而有利于事业单位管理主体政治行为文明程度的提高。

二、事业单位人力资源开发与管理制度的内容

事业单位是我国各类人才的主要集中地，是增强我国综合国力的重要领

域，是实施科教兴国战略的重要阵地。搞好事业单位人力资源开发与管理制度，对建设高素质、社会化的专业技术人员队伍，推动经济发展和社会全面进步，实现我国改革开放和现代化建设的宏伟目标都具有十分重要的意义。

事业单位人力资源开发与管理制度主要包括以下内容：

（一）任期制和任期目标责任制

任期制和任期目标责任制是事业单位人力资源开发与管理制度的重要一部分。《事业单位领导人员管理规定》第二十二条指出："事业单位领导班子和领导人员一般应当实行任期制。每个任期一般为3至5年。领导人员在同一岗位连续任职一般不超过10年，工作特殊需要的，按照干部管理权限经批准后可以适当延长任职年限。"第二十三条指出："事业单位领导班子和领导人员一般应当实行任期目标责任制。任期目标的设定，应当符合立足新发展阶段、贯彻新发展理念、构建新发展格局、推动高质量发展的要求，体现不同行业、不同类型事业单位特点，注重打基础、利长远、求实效。"第二十四条指出："任期目标由事业单位领导班子集体研究确定，领导班子的任期目标一般应当报经主管机关（部门）批准或者备案。制定任期目标时，应当充分听取单位职工代表大会或者职工代表的意见，注意体现服务对象的意见。"实行任期制和任期目标责任制，对增强事业单位活力和事业单位领导人员自我发展能力具有重要意义。

（二）离退休制度

离退休制度在事业单位人力资源开发与管理制度中起重要作用。离退休是老年劳动者达到规定的年龄、工龄等条件后脱离工作，享受社会保险和劳动补偿性质的养老待遇和权益的一种制度及由此而产生的社会行为。离休是退休的一种特殊形式，离休人员按优待条件脱离原来工作职位，休息疗养，安度晚年。退休是指在中华人民共和国成立之后参加工作的国家工作人员，达到一定年龄后，即实行退职休养。事业单位领导人员离退休制度的建立和实施，对真正解决领导干部职务终身制，增强事业单位人员的生机和活力，具有关键性意义。

（三）分级分类管理

在事业单位人力资源开发与管理制度中，分级分类管理也是不容忽视的。《事业单位人事管理条例》第二条指出："事业单位人事管理，坚持党管干部、党管人才原则，全面准确贯彻民主、公开、竞争、择优方针。国家对事业单位工作人员实行分级分类管理。"第三条指出："中央事业单位人事综合管理部门负责全国事业单位人事综合管理工作。县级以上地方各级事业单位人事综合管理部门负责本辖区事业单位人事综合管理工作。事业单位主管部门具体负责所属事业单位人事管理工作。"

事业单位实现分级分类管理，可正确反映自身特点，可使自身的人力资源开发和管理工作逐步走上规范化、制度化、科学化的轨道，有助于调动广大职工的积极性，有助于自身健康发展。

第二章　事业单位人才选聘与任用

第一节　事业单位人才选聘与任用概述

一、事业单位人才选聘与任用的重要性

人才选聘与任用是事业单位人力资源开发与管理工作的重要组成部分，也是事业单位保持竞争力及提高工作效率的关键。事业单位人才选聘与任用活动是事业单位事务正常运转的基石，能够聚集优秀的人才队伍来提高单位管理效率，对事业单位的健康发展具有积极的意义。

事业单位人才选聘与任用应当坚持"公开、平等、竞争、择优"的原则，根据单位相关规定和国家政策的要求进行，通过相应的程序和方式对符合选聘要求的人才进行规范组织，确保人才与岗位的高度匹配。加强事业单位人才选聘与任用工作的研究及相关问题的改进，有助于事业单位选聘到符合自身发展需求的人才，并将人才放置在合适的岗位上，充分发挥人才的创造性和能动性。

二、人岗匹配视角下的事业单位人才的选聘与任用

落实人岗匹配是为了实现单位内部人力资源的合理配置和利用。这需要实现人才能力和岗位需求的高度匹配，即员工个体特征能够满足岗位职责要求，同时具体岗位的报酬与员工的工作能力和实绩相适应。所谓人岗匹配，也可以说是单位根据"人尽其才、物尽其用"的原则，合理安排岗位，使员工在岗位上高效发挥自己的才能。

事业单位落实人岗匹配需要注意三个方面内容：

第一，要加强岗位工作分析。事业单位要收集与各个岗位相关的资料，充分了解各个岗位的工作特点和对人员才能的需求，通过研究分析明确岗位责任，提出对各个岗位人员的基础要求。

第二，要实现人员才能的有效考评。在人员选聘中要通过人才履历、纸笔考试、抗压测验等了解人才的具体能力，判断其是否符合岗位需求，并通过具体岗位情景模拟，了解人才在不同情景下的适应程度。才能分析是促进人岗匹配的关键环节。

第三，要实现岗位和人才的相互匹配，坚持知人善任原则，将人员的特长作为管理思考点，根据员工的优缺点，为不同人才安排合适的岗位。此外，事业单位应根据具体情况适时对岗位、人才做出调整，实现"岗得其人、人适其岗"的协调统一，帮助人才队伍发挥最大工作效能。

人岗匹配视角下事业单位人才选聘与任用的策略主要有以下几点：

（一）明确并优化事业单位工作人员任用条件

由于当前事业单位关于人才选聘的制度规定比较笼统，事业单位要结合自身情况和新时代人才特点对具体任用标准作出硬性规定，并积极吸收人才反馈的意见对标准作出动态性调整；要对各个岗位的任职资格作出书面规定，避免

选聘要求过高或过低，以控制人员应聘数量；要加强对岗位的分析，对一些报考条件进行细化，减少应聘规定或面试安排上的一些笼统性用语，力求整个选聘要求清晰明确。此外，事业单位应将具体选聘要求和考试内容结合起来，多在笔试、面试过程中融入岗位知识、单位工作内容等，提高笔试、面试的针对性、科学性，从而更好地选拔人才。对一些基层事业单位工作人员的选聘，相关部门应联系基层部门的工作方针、岗位具体要求等对应聘人才进行有针对性的考核，减少一些形式主义的考核内容，鼓励应聘人员对岗位工作提出建设性意见，确保考试内容与实际工作需求相匹配，以提高选聘与任用工作的科学性。

（二）利用胜任力模型考核应聘者综合素质

事业单位人才选聘与任用需要与时俱进，借鉴更多的人力资源理念和选聘模型，从而提高具体选聘与任用工作的科学性。事业单位应该在规范岗位工作情况说明的基础上，从胜任力的角度找到符合岗位要求的应聘人员，梳理应聘人员的具体条件，并从绩效考核、任职资格等方面对应聘人员的胜任力进行总结分析，筛选出最佳人才。同时，事业单位可以通过构建胜任力模型，明确具体岗位的多种任职要求，实现最佳的人岗匹配。在公开选聘阶段，事业单位还可以结合岗位要求、事业单位工作特点等建立每一个岗位的胜任力模型，并投入足够的人力资源来完善模型。此外，事业单位还可以在胜任力模型中融入相应的心理测验内容，借助具体情境对不同岗位的应聘人员进行心理测试，从而准确、全面地衡量评估应聘者的综合素质，为人岗匹配做好铺垫。

（三）创新选聘形式，完善选聘制度

事业单位应积极创新选聘形式，完善选聘制度，丰富选聘内容，提高选聘工作实效。例如：事业单位可以采取无领导小组面试、试讲和实际能力操作等

方式全面评估人才的专业水平；对于特殊人才，可以以职称评定为基础，结合岗位需要、技术能力要求等，采取不同的考核方式全面深入地了解应聘者的具体能力；要合理控制面试官的权限范围以确保考核结果的公平公正。笔试考题的设计应以岗为题，坚持"以岗择人"原则，通过专业知识考核成绩推动人岗精准匹配。在制度完善方面，相关部门需要结合以往选聘工作中的经验和问题，对每个选聘环节制定相应的规章制度，如考试内容保密制度、选聘信息公开制度和人才选拔透明制度等；同时，对岗位条件设置、面试考官的选用、面试环节的主要流程等作出规范要求，确保选聘制度的科学化和规范化。此外，事业单位应积极探索符合时代特点和单位要求的新型试岗方式，提前开展试岗以保证人岗匹配，使人员能力和工作需求能够最大程度匹配；对部分人员要进行跟踪考察，对其在岗位上的责任心、处理问题能力和工作完成情况等进行全面评估，在岗位考察制度的指导下制定评估标准，确保人岗匹配。

（四）保证选聘公平，降低选聘成本

事业单位的人才选聘与任用必须以公正公平为准则，确保选聘结果的真实性和有效性。事业单位应确保选聘环节、选聘时间和岗位要求等是完全公开的，岗位要求和选聘时间一旦确定就不得随意更改。在选聘过程中，相关人员应注重对应聘人员的资料审核，如严格审核学籍、学历信息，严肃处理应聘资料不真实的情况等。为了避免因面试官个人意愿影响选聘结果的公正性，事业单位要加强保障措施，如对整个面试过程进行录像，并定期抽查。事业单位也可以邀请业内专家参与面试，采取多考官模式来保证应聘的公平性。此外，事业单位还要严格控制选聘成本，结合实际情况和未来人才需求定期进行人才资源规划，制定年度选聘方案，并定期组织选聘考试，对应聘人员进行集中管理，避免资源浪费并提升选聘效率。

优化事业单位的人才选聘与任用工作，对事业单位的工作效率提升具有积极的意义。在人才选聘与任用中，事业单位要以实现人岗匹配为目标，合理设

置岗位，实施个性化人才选聘。事业单位应根据单位需求、岗位要求等优化考试内容，尽量降低选聘成本，完成人员选聘与任用工作的有效改革，从而提升自身的经营发展水平。

第二节 事业单位管理岗位与专业技术岗位人才选聘与任用

一、事业单位管理岗位人才选聘与任用

（一）选聘计划的编制

进行公开选聘的事业单位应当根据机构编制部门核定的编制数额、本单位工作需要、选聘程序等编制管理岗位人才选聘计划。事业单位管理岗位人才选聘计划应该包括选聘人数、选聘岗位、选聘条件、选聘程序、选聘范围、选聘方式等。

（二）选聘方式与选聘信息发布的渠道

1.管理岗位选聘方式

不同事业单位的管理岗位选聘方式各有不同，应该根据管理岗位的性质、特点等选择合适的选聘方式，具体如表2-1所示。

表 2-1　事业单位管理岗位选聘方式

方式	公开选聘	内部竞聘	内部晋升	公开选拔	其他方式
含义	事业单位面向社会公开选聘	在事业单位内部或者事业单位及相关单位内部进行竞聘	按内部晋升制度进行晋升	事业单位领导干部选聘的常用方式	国家政策性安置、按干部人事管理权限由上级任命及其他方式
适用范围	一般应用于管理岗位的新进人员选聘	领导岗位及一般管理岗位都可采用此方式	既适用于领导岗位选聘，又适用于一般管理岗位选聘	一般用于高层领导干部的选拔	一般用于高层领导岗位、特殊性质管理岗位选聘

2.管理岗位选聘信息发布的渠道

事业单位管理岗位选聘信息发布的渠道主要有以下几种：

一是招聘会，主要是政府机构组织的招聘会。

二是报纸。事业单位会选择合适的报纸，向社会发布选聘信息。

三是网络。事业单位会在政府及单位网站上公开选聘信息。

四是其他。事业单位会通过适用于事业单位管理岗位选聘的其他渠道，发布选聘信息。

事业单位在选择选聘信息发布渠道时，要根据单位特点、岗位性质及要求等具体分析、合理选择。

（三）考核

1.选聘高层领导干部的考核

事业单位选聘高层领导干部一般可采取面试、答辩等考核方式对应聘者进行评估。

（1）面试

面试的主要内容及其目的如下：

①岗位经验。考查应聘者是否具有相关岗位的工作经验,是否有足够的经验胜任工作。

②岗位能力。从经验等各方面判断应聘者的领导能力、沟通协调能力、分析判断能力、决策能力等。

③综合素质。从应聘者的仪容仪表、言谈举止等判断其综合素质是否符合岗位要求。

(2) 答辩

答辩的主要内容如下:

①竞聘报告。如果是竞聘方式,那么在答辩时,应聘人员要陈述竞聘报告。

②一般问题。一般问题主要包括:单位所在行业的法律法规、相关政策等;组委会提问的行业所在领域的前沿争议性问题或单位具体实务问题等。

2.选聘一般管理人员的考核

对应聘事业单位一般管理岗位的人员的考核根据选聘方式的不同而有所区别。

(1) 公开选聘

对于公开选聘的一般管理人员的考核,事业单位常采用笔试+面试+答辩的考核方式。其中,笔试和面试为事业单位公开选聘一般管理人员必须有的环节,而答辩为选择性环节,依单位及岗位具体情况而定。

笔试的具体要求与考核内容如下:

①具体要求:在一般情况下,报名人数与招考岗位任用人数须达到一定比例方可开考;达不到比例的取消此岗位招考。②考核内容:主要考核应聘者的行政职业能力、公共基础知识、基本业务素质等。

面试的具体要求与考核内容如下:

①具体要求:根据笔试成绩,按照一定比例确定面试人选;②考核内容:主要考核应聘者的岗位业务能力、综合素质等方面。

此外,面试评估表作为选聘面试管理的工具之一,用于记录并评价应聘人员的表现。

（2）内部竞聘

对于内部竞聘的一般管理人员的考核，事业单位常采用平时考核＋竞聘演讲＋民主测评的考核方式。其中，平时考核主要考查竞聘者平时的工作业绩及工作表现；竞聘演讲要求竞聘者讲述工作经历、业绩、应聘原因等；民主测评主要考核竞聘者的群众基础。

（3）内部晋升

对于内部晋升的一般管理人员的考核，事业单位常采用平时考核＋民主测评＋双向选择的考核方式。

（四）公示、任用与报到

在对选聘人员进行考核后，事业单位要对拟任用人员进行公示。公示期满，对没有问题或者被反映的问题不影响任用的人员，予以任用；对有严重问题并查有实据的人员，不予任用；对反映有严重问题，但一时难以查实的人员，暂缓任用，待查实并作出结论后再决定是否任用。确定任用人员应在规定期限内到单位办理报到手续，并与单位签订聘用合同。

报到的具体程序由事业单位根据本单位的实际情况而定。事业单位新员工报到的一般程序如下：

第一，准备相关证书、资料。应届毕业生须提供学历证、学位证、报到证等相关证明；非应届生须提供报到证或介绍信等相关证明。

第二，到人事处报到，填写新员工登记表等相关表格，然后签订聘用合同。

第三，到所在科室报到，填写相关表格。然后，拿着科室开具的介绍信去办理其他手续。

第四，到其他科室办理工资卡、党团组织关系等相关手续。

二、事业单位专业技术岗位人才选聘与任用

事业单位种类繁多，各类型事业单位对专业技术岗位人才的要求差别很大，下面以学校、医院、科研单位、文化团体等四类事业单位为例，对它们的专业技术主系列岗位人才的选聘与任用进行简单介绍。

（一）学校专业技术岗位人才选聘与任用

1.学校专业技术岗位系列

学校专业技术岗位一般分为两个系列：①主系列，即教师岗位；②辅系列，包括实验室人员、图书馆人员等专业技术岗位。

2.教师的选聘与任用

（1）应聘人员的评估内容

对教师岗位应聘人员的评估内容如下：

教学方面：①相关证件，如教师资格证、普通话证书等；②教学经验。

科研方面：①发表的科研论文情况；②获得的科研奖项。

创新方面：①科研创新；②教学方式、方法的创新。

素质方面：①热爱教育行业；②具有爱心；等等。

（2）应聘人员的评估方式

学校进行教师选聘一般采取笔试加试讲的评估方式。

笔试：重点考核应聘人员的学科专业知识，以及教育学、心理学等相关知识。

试讲：重点考核应聘人员的实际教学能力。

其中，笔试成绩与试讲成绩分别占总成绩的30%和70%。

（3）应聘人员的评估工具

应聘教师试讲测评表是常用的评估工具之一，具体如表2-2所示。

表2-2　应聘教师试讲测评表

试讲人信息					
试讲人姓名		性别		职称	
毕业院校		学历		专业	
拟聘岗位		试讲课程		试讲时间	
试讲测评					
序号	评分项目	评分内容	标准	分值	得分
1	教学准备	教案	教案准备充分		
		辅助教学设备使用情况	熟练使用教学设备，对故障处理娴熟		
		教师仪容仪表	衣着大方、自然得体		
2	教学内容	讲授内容	讲授内容广度、深度得当		
		重点、难点处理	重点突出，难点处理巧妙		
		理论联系实际	理论与实际相结合，举例贴切恰当		
3	教学方法	灵活性	教学方法灵活，易于接受		
		互动性	师生交流充分，课堂气氛活跃		
4	教学基本功	语言	语言表达清楚、流畅，普通话标准		
		板书	板书字迹工整、正确，条理清晰		
		教态	教态自然、大方		
测评得分						
意见或建议						

（4）公示与任用

学校专业技术主系列岗位人员的公示与任用参考事业单位管理岗位人才选聘相关规定。

（二）医院专业技术岗位人才选聘与任用

1.医院专业技术岗位系列

医院专业技术岗位一般分为两个系列：①主系列，包括医师、药剂师、护师、技师岗位；②辅系列，包括会计、统计、试验等其他专业技术岗位。

2.医师、药剂师、护师、技师的选聘与任用

（1）应聘人员的评估内容

医院专业技术主系列岗位应聘人员的评估内容如表2-3所示。

表2-3　医院专业技术主系列岗位应聘人员的评估内容

应聘岗位	评估内容示例
医师	1.资格：执业证、资格证、职称；2.基础知识及专业知识（笔试）；3.临床实战技术；4.口头表达能力；5.应变能力；6.职业道德
药剂师	1.资格：执业证、资格证、职称；2.对国家药品相关法律、法规、医药产品供应规范相关知识和标准的掌握程度；3.对药品及药品价格的熟悉度（笔试），药品归类和处方管理能力（临床实战）；4.耐心与细心（面谈或心理测评）
护师	1.资格：执业证、资格证、职称；2.基础护理理论及技术操作规程（笔试）；3.实践操作能力（实习跟班）；4.亲和力和沟通能力，耐心与细心（面谈或心理测评）；5.处理突发事件的能力
技师	1.资格：执业证、资格证、职称；2.检验技术；3.应用仪器的熟练程度；4.综合素质

（2）应聘人员的评估方式

医院对专业技术主系列岗位应聘人员的评估主要有笔试、面试、临床实战、实习跟班、心理测评等方式，具体采取哪种方式或哪几种方式的组合要根据岗位性质而定。

笔试：主要用于考查应聘者对相关法律法规的了解程度、对专业基础知识

的掌握程度等。

面试：主要用于考查应聘者的沟通能力、应变能力等综合素质。

临床实战：应聘人员到应聘岗位亲临实战，由评估人员及相关专家进行评价，考查其实操能力、技术水平等。

实习跟班：对应聘人员安排一定时间（一般时间很短）的实习跟班，由相关人员对其进行评价。

心理测评：主要用于了解应聘者的性格特征、心理倾向等，以选择更适合岗位的应聘者。

（3）应聘人员的评估工具

医院对应聘专业技术主系列岗位人员的评估主要借助医师医患沟通和接诊能力面试评分表、护师临床操作面试评分表、技师面试测评表等工具，分别如表2-4、表2-5、表2-6所示。

表2-4　医师医患沟通和接诊能力面试评分表

个人信息					
面试者		性别		职称	
毕业院校		年龄		拟聘岗位	
面试内容及评分					
面试内容		85~100分	70~84分	60~69分	59分以下
自我介绍，能系统询问一些问诊内容，以获得全部必要资料，有明确的结束语					
衣冠整洁，文明礼貌，让病人感到温暖亲切					
眼神友善，语言得体，面部表情适当，使病人感到轻松自在、易于交流					
会用过渡性语言，提问恰当，解释清楚，确保病人能提供有关的、必要的信息					
能按时间顺序写出主诉、现病史及伴随的有关症状					

续表

面试内容及评分					
面试内容	85~100分	70~84分	60~69分	59分以下
关心病人反映的问题,认知聆听病人的全部叙述,不轻易打断,不出现难堪的停顿。从病人的回答中核实包括药物治疗、嗜好、生活方式等有价值的信息				
在交流中能给病人一些赞扬性的肯定或反馈,对病人的悲伤、痛苦能表示同情和理解				
鼓励病人提问,注重诱导出病人隐藏的忧虑				
关心病人现有的经济状况,并给予精神上的支持				
询问家庭情况,适当探讨疾病治疗对病人本身及家庭成员的生活方式和自我形象的影响				
语言简单易懂,不用医学或难懂的术语提问				
平均分				

表2-5 护师临床操作面试评分表

个人信息					
面试者		性别		职称	
毕业院校		年龄		政治面貌	
面试内容及评分					
序号	面试内容	评分标准		配分	评分及理由
1	衣着	衣着规范、整洁			
2	职业精神	爱岗敬业,爱护病人			
3	对待病人的态度	态度亲切和蔼,具有耐心和细心			
4	操作前准备	操作前的个人准备(穿工作服、戴口罩和帽子、衣服整洁、清洁洗手)妥当、用物准备齐全			

续表

面试内容及评分					
序号	面试内容	评分标准	配分	评分及理由
5	操作流程	按规范化的流程进行操作		
6	操作技术质量和娴熟度	操作步骤正确、动作轻巧、准确度高		
7	操作后的整理工作	操作后的药物等物品整理符合规定，个人清洁卫生管理符合规定		
8	突发事件处理能力	具有一定的应变能力和稳定病人情绪的能力，可以妥善处理突发事件		
		临床操作得分		

面试专家评语：

面试专家签名：

表2-6 技师面试测评表

个人信息					
面试者		性别		职称	
毕业院校		年龄		政治面貌	
面试内容及评分					
序号	面试内容	评分标准	配分	评分及理由	
1	职业道德	具有良好的职业道德			
2	技术水平	具备与岗位相符的技术水平			
3	仪器设备的熟悉度	对仪器设备性能、价格等比较熟悉			
4	仪器设备的操作	熟练操作设备，操作正确、规范			
5	样品等物品管理知识	对样品等物品管理具有一定的专业知识			

续表

面试内容及评分			
序号	面试内容	评分标准	配分	评分及理由
6	细心程度	检验分析细致入微、谨慎		
面试测评得分			

面试专家评语：

面试专家签名：

（4）公示与任用

医院专业技术主系列岗位人员的公示与任用参考事业单位管理岗位人才选聘相关规定。

（三）科研单位专业技术岗位人才选聘与任用

1.科研单位专业技术岗位

科研单位专业技术主系列岗位是科研岗位。

2.科研岗位的选聘与任用

（1）应聘人员的评估内容

专业知识、技能：通过笔试、面试考查应聘人员对专业知识、技能的掌握程度。

钻研精神：通过案例分析或心理测评来考查应聘人员的钻研精神。

创新精神：通过专业试题来考查应聘人员的创新精神。

学习能力：通过实际操作来评估应聘人员的学习能力。

团队合作能力：通过无领导小组讨论，考查应聘人员的团队合作能力。

解决问题能力：通过面试，评估应聘人员思考和解决实际问题的能力。

（2）应聘人员的评估方式

科研单位对应聘人员的评估可采取笔试、面试等多种方式，还可以根据需要进行实际操作能力测试。

笔试的主要内容如下：①基础专业知识，主要评估应聘人员对岗位所需基础知识的掌握程度；②前沿知识，主要评估应聘人员的钻研精神、创新精神等。

面试分两轮，第一轮是面试答辩，主要考查综合素质、工作态度等。第二轮是无领导小组讨论：将应聘人员随机分成一个或多个团队，给每个团队一个科研问题，让其共同解决。第二轮主要考查团队成员解决实际问题的能力及团队合作能力。

实际操作能力测试：对于一些实际操作能力要求较高的岗位，对应聘人员有必要进行实际操作能力测试，以评估其实际操作能力水平。

（3）应聘人员的评估工具

具体的评估工具如表2-7、表2-8所示。

表2-7 无领导小组讨论评分表

序号	姓名	综合分析能力（满分20分）	组织协调能力（满分20分）	知识运用能力（满分20分）	语言表达能力（满分10分）	创新应变能力（满分20分）	团队合作精神（满分10分）	综合得分
1								
2								
3								
4								
5								
考官评语：				考官签名：				

注：①本表得分若有涂改，则须经考官签字确认；②测评要素之间有着密切的相关性，考官应根据面试者的综合表现进行评分；③考官评语即考官视情况对面试者在某些方面的特殊表现做出的简要评价。

表2-8 科研岗位应聘人员的综合评分表

评分项目	评分要点	平均评分	扣分要点	权重（%）	得分
科研成果	1.论文的数量；2.曾参与或主持的重大科研项目的数量；3.获得的科研奖项；4.获得的科研证书			40	
笔试成绩	知识掌握的深度、广度			20	
面试答辩评分	知识实际运用能力、创新能力、综合素质			20	
无领导小组讨论评分	沟通协调能力、团队合作能力、实际运用操作能力			20	
综合得分					

（4）公示与任用

科研单位科研岗位应聘人员的公示与任用参考事业单位管理岗位人才选聘相关规定。

（四）文化团体专业技术岗位人才选聘与任用

1.文化团体专业技术岗位

文化团体专业技术主系列岗位包括编剧、演员、导演等岗位。

2.演员的选聘与任用

下面以话剧团演员选聘为例进行相关说明。

（1）应聘人员的评估内容

个人形象：通过面试的方式，重点评估其个人形象、气质等。

综合艺术素质：通过面试的方式考查。

专业理论知识：通过笔试或者面试提问的方式考查。

专业表演技能：通过现场命题表演的方式考查。

反应能力：通过现场命题表演的方式，主要考查演员对各种条件的反应速度、水平等。

（2）应聘人员的评估方式

具体的评估方式如下：专业笔试（基本功考查）→专业面试（普通命题表演）→综合面试（专业技巧表演）。

（3）应聘人员的评估工具

具体的评估工具如表2-9所示。

表2-9 话剧团演员应聘人员评分汇总表

项目	评分要点	平均评分	扣分要点	权重（%）	得分
笔试成绩	……			20	
专业面试评分	表演基本功、表演水平、表演技巧			40	
综合面试评分	个人形象、艺术气质、对艺术的热爱、政治素质、综合能力			40	
综合得分					

（4）公示与任用

文化团体专业技术岗位应聘人员的公示与任用参考事业单位管理岗位人才选聘相关规定。

第三节　事业单位领导干部的选拔任用及其监督

事业单位是提供公益服务的主要载体、保障改善民生的基本力量、凝聚思想共识的重要阵地，加强和改进事业单位领导人员管理、推进事业单位领导人员队伍建设很重要，也很必要。

一、事业单位领导干部职级体系

事业单位领导干部，是指在国家设立的事业单位中担任领导职务，负责管理和决策工作的人员。这些单位通常包括教育、科技、文化、卫生、体育等领域的社会服务组织，其宗旨在于为社会提供公益服务，满足人民群众的各种需求。事业单位领导干部作为单位的核心力量，其素质和能力直接关系到单位的发展方向和服务质量。

事业单位领导干部的职级划分，通常依据其管理职责、权力大小以及职务层次进行。一般来说，事业单位的职级体系相对完善，能够清晰地反映出领导干部的职位等级和职责范围。

以下是对事业单位领导干部职级体系的介绍：

（一）管理岗位职级

管理岗位是事业单位中最为常见的岗位类型，其职级划分通常按照以下标准进行：

一级职员：对应正部级，是事业单位中的最高职级，通常由具有极高管理能力和丰富工作经验的领导干部担任。

二级职员：对应副部级，在事业单位中担任重要领导职务，负责单位的全面管理工作。

三级职员：对应正厅级，负责单位某一领域或部门的全面管理工作。

四级职员：对应副厅级，协助正厅级领导干部开展工作，或担任单位中较为重要的领导职务。

五级至十级职员：分别对应正处级、副处级、正科级、副科级、科员和办事员等职级。这些职级构成了事业单位管理岗位的主体部分，负责单位日常管理和服务工作。

（二）专业技术岗位职级

专业技术岗位是事业单位中另一类重要的岗位类型，其职级划分主要依据专业技术水平和职务层次进行。虽然专业技术岗位没有明确的行政对应关系，但结合日常管理实际及经济待遇，可以将其职级与行政职级进行大致对应。例如，正高级职称可以对应正处或副处职务，副高级职称可以对应副处或正科职务等。

（三）职级与职务的关系

在事业单位中，职级与职务是两个不同的概念。职级主要反映领导干部的职位等级和待遇水平，而职务则具体描述其承担的管理职责和权力范围。一般来说，职级越高，对应的职务层次也越高，但并非绝对。例如，某些领导干部可能因工作需要或个人能力突出而担任高于其职级所对应的职务。

二、事业单位领导干部的选拔任用

（一）事业单位选拔任用领导干部的相关规定

《事业单位领导人员管理规定》的第十条指出："党委（党组）及其组织（人事）部门按照干部管理权限，根据事业单位不同领导体制和领导班子建设实际，提出启动领导人员选拔任用工作意见。事业单位领导班子配备和领导人员选拔任用，应当立足事业发展需要，加强通盘考虑、科学谋划，及时选优配强，优化年龄、专业、经历等结构，增强领导班子整体功能。"

第十一条指出："事业单位领导人员选拔任用，必须严格按照核定或者批准的领导职数和岗位设置方案进行。"

第十二条指出："选拔事业单位领导人员，一般采取单位内部推选、外部选派方式进行。根据行业特点和工作需要，可以采取竞争（聘）上岗、公开选拔（聘）、委托相关机构遴选等方式产生人选。"

第十三条指出："选拔事业单位领导人员，应当经过民主推荐，合理确定参加民主推荐人员范围，规范谈话调研推荐和会议推荐方式方法。"

第十四条指出："对事业单位领导职务拟任人选，必须依据选拔任用条件，结合行业特点和岗位要求，全面考察其德、能、勤、绩、廉，严把政治关、品行关、能力关、作风关、廉洁关。"

第十五条指出："综合分析人选的考察考核、一贯表现和人岗相适等情况，全面历史辩证地作出评价，既重管理能力、专业素养和工作实绩，更重政治品质、道德品行、作风和廉政情况，防止简单以票或者以分取人。"

第十六条指出："选拔任用事业单位领导人员，应当严格执行干部选拔任用工作任前事项报告制度，严格遵守党委（党组）讨论决定干部任免事项有关规定，按照干部管理权限由党委（党组）集体讨论作出任免决定，或者决定提出推荐、提名的意见。"

第十七条指出:"任用事业单位领导人员,区别不同情况实行选任制、委任制、聘任制。对行政领导人员,结合行业特点和单位实际,逐步加大聘任制推行力度。实行聘任制的,聘任关系通过聘任通知、聘任书等形式确定,根据需要可以签订聘任合同,所聘职务及相关待遇在聘期内有效。"

第十八条指出:"提任三级以下管理岗位领导职务的,应当在一定范围内进行任职前公示,公示期不少于5个工作日。"

第十九条指出:"提任非选举产生的三级以下管理岗位领导职务的,实行任职试用期制度。试用期一般为1年。"

第二十条指出:"事业单位内设机构负责人选拔任用方式按照本规定第十二条、第十七条规定执行。主要以专业技术面向社会提供公益服务的事业单位,可以根据工作需要积极探索有效办法,搞活搞好内部用人制度。根据干部管理权限和事业单位不同领导体制实际,实行党委领导下的行政领导人负责制的,由党委集体讨论作出任免决定;实行行政领导人负责制的,党政主要领导应当对人选等情况进行充分沟通,由党组织集体讨论作出任免决定,或者由党组织研究提出拟任人选、党政领导会议集体讨论,依规依法任免(聘任、解聘),根据工作需要,也可以由上级党组织统筹管理,按照规定程序讨论决定。"

第二十一条指出:"选拔任用工作具体程序和要求,参照《党政领导干部选拔任用工作条例》及有关规定,结合事业单位实际确定。"

(二)事业单位选拔任用领导干部的形式及条件

1.事业单位选拔任用领导干部的主要形式

(1)单位内部推选

单位内部推选是事业单位选拔领导干部的一种常见方式。它基于单位内部员工对候选人的了解和评价,通过一定的程序和规则,从内部员工中选拔出合适的领导人才。内部推选能够充分利用单位内部的人才资源,选拔出熟悉单位情况、了解单位文化、具备丰富工作经验的领导干部。同时,这种方式也有助于激发员工的积极性和归属感，提升单位的整体凝聚力。

（2）外部选派

外部选派是指从事业单位外部选拔领导干部的方式。这通常适用于单位内部人才不足或需要引入新鲜血液的情况。外部选派能够拓宽选拔视野，吸引更多优秀人才加入事业单位。同时，通过引入外部人才，可以带来新的思路和管理经验，促进单位的改革和发展。

（3）竞聘上岗

竞聘上岗是一种通过公开竞争的方式选拔领导干部的形式。它通常包括报名、资格审查、笔试、面试等环节，最终根据综合成绩确定人选。竞聘上岗具有公开、公平、公正的特点，能够确保选拔过程的透明度和公信力。同时，这种方式也能够激发员工的竞争意识和进取精神，提升整个单位的工作效率和活力。

（4）公开选聘

公开选聘与竞聘上岗类似，但更加注重选拔的公开性和广泛性。它通常通过发布公告、接受报名、组织考试和考察等方式进行，面向全社会选拔领导干部。公开选聘能够打破地域和行业的限制，吸引更多优秀人才参与竞争。同时，这种方式也能够增强选拔的透明度和公信力，确保选拔结果的公正性和合理性。

（5）委托相关机构遴选

委托相关机构遴选是指事业单位将选拔领导干部的工作委托给专业的人才服务机构或咨询机构进行。这些机构通常具有丰富的选拔经验和专业的人才评估技术。委托相关机构遴选能够充分利用专业机构的优势和资源，提高选拔的准确性和效率。同时，这种方式也能够确保选拔过程的公正性和客观性，减少人为因素的干扰。

除了以上几种主要形式外，事业单位还可以根据实际情况采用其他形式的选拔任用方式。例如，通过组织考察、民主推荐等方式选拔领导干部；或者通过挂职锻炼、轮岗交流等方式培养和选拔后备干部等。

2.事业单位选拔任用领导干部的条件

事业单位的领导干部应当具备下列基本条件：

第一，思想政治素质好，理想信念坚定，自觉坚持以马克思列宁主义、毛泽东思想、邓小平理论、"三个代表"重要思想、科学发展观、习近平新时代中国特色社会主义思想为指导，坚决贯彻执行党的理论和路线方针政策，增强"四个意识"、坚定"四个自信"、做到"两个维护"，自觉在思想上政治上行动上同党中央保持高度一致。

第二，组织领导能力强，自觉贯彻执行民主集中制，善于科学管理、沟通协调、依法办事、推动落实，工作实绩突出。

第三，专业素养好，熟悉有关政策法规和行业发展情况，具有胜任岗位职责的专业知识和专业能力。

第四，创新意识强，勤于学习，勇于探索，敢于攻坚克难，有开拓进取、追求卓越的韧劲，能够切实推进技术、管理、制度等重要创新。

第五，事业心和责任感强，热爱公益事业；坚持以人民为中心的发展思想，求真务实、勤勉敬业、担当作为，忠实履行公共服务的政治责任和社会责任；有斗争精神和斗争本领；团结协作，群众威信高。

第六，正确行使职权，坚持原则，带头践行社会主义核心价值观，恪守职业道德，严于律己，清正廉洁。

三、事业单位领导干部选拔任用的监督

（一）领导干部选拔任用的监督主体

1.上级监督主体

上级监督主体是由上级组织（人事）部门干部监督机构、上级纪检监察部

门等构成的。其中，组织（人事）部门干部监督机构为主要主体。上级监督主体主要通过以上到下的形式监督领导干部选拔任用过程，防止超职数配备领导干部等；在选拔任用进行阶段通常会利用全程纪实、信访举报等形式，监督选拔任用各环节的进展情况，对违规违纪问题及时纠偏改正；在选拔任用结束后通常采用专项检查、"一报告两评议"等机制，对选拔任用全过程进行监督检查，了解干部、群众的认可度。

2.同级内部监督主体

同级内部监督主体主要为组织（人事）部门干部监督机构，同级纪检监察部门等也是重要的同级内部监督组成部门。同级内部监督一般是以自查自纠的形式完成的，组织（人事）部门干部监督机构会根据相应的政策、法规，事先对领导干部选拔任用中存在的问题进行干预，让问题在"早、小"的状态被解决；同级纪检监察部门等主要是反馈拟任领导干部人选的廉政情况、遵纪守法情况等，为同级党委（党组）把好人选"法纪关"。

（二）领导干部选拔任用的监督内容

1.拟提拔人选的监督内容

对于拟提拔人选，监督的主要内容有：

一是基本资格条件。提任六级以上管理岗位领导职务的，一般应当具有 5 年以上工作经历。从管理岗位领导职务副职提任正职的，应当具有副职岗位 2 年以上任职经历。从下级正职提任上级副职的，应当具有下级正职岗位 3 年以上任职经历。担任专业技术岗位领导职务的，还需要具有相应的专业技术职务（岗位）任职经历和一定的管理工作经历。

二是基本素养要求。拟提拔人选须具备较强的政治能力，落实上级部署要求坚决、不打折扣，工作有成绩有成效，群众基础比较好，认可度高；遵纪守法、廉洁自律情况好，没有利用职权谋取私利的问题；具备一定的教育文化水平，身体健康状况能够满足职位工作需要。

2.拟提拔人选所属组织（人事）部门的监督内容

对于拟提拔人选所属组织（人事）部门，监督的主要内容有：

一是落实领导干部选拔任用规定程序情况。组织（人事）部门须严格按照上级规定的要求、程序选拔任用干部，不得超职数配备干部，不得超机构规格配备干部，不得擅自提高干部职级待遇；须认真考察拟提拔人选情况，征求执纪执法部门关于拟提拔人选的廉政意见，对考察中反映的关于拟提拔人选的信访举报件认真核查、严肃处理；须认真审核拟提拔人选的档案，对拟提拔人选的年龄等要素认真审核。

二是掌握了解干部的情况。组织（人事）部门须对干部深入了解，掌握干部是否担当作为、认真履职的情况。

3.拟提拔人选所属党委（党组）的监督内容

对于拟提拔人选所属党委（党组），监督的主要内容有：

一是领导把关作用的发挥情况。领导干部选拔任用工作须始终在党委（党组）的领导把关下进行，将党的全面领导贯穿干部选拔任用全流程。

二是树立正确的用人导向。拟提拔人选所属党委（党组）须树立崇尚实干、担当，注重业绩、实效的选人用人导向，选拔任用的干部须具备较强的政治素养、较高的廉洁自律水平、较高的群众认可度。

（三）领导干部选拔任用的监督手段

1.上级监督

上级监督是指上级组织（人事）部门干部监督机构单独或会同纪检监察机构、巡视巡察机构等采取选人用人专项检查、换届风气督查、信访举报督办等手段，对相关地区、单位党委（党组）干部选拔任用工作开展监督检查。

选人用人专项检查一般是结合巡视（巡察），对地区、单位党委（党组）5年以来所有选拔任用的干部的情况进行集中检查，形成专项检查报告，要求相关党委（党组）限期整改落实并报送整改报告。

换届风气督查是针对县（区）、乡（镇）换届期间干部调整量大的现实情况，对干部选拔任用程序、人选产生过程等进行督查，以营造良好的选人用人氛围。

信访举报督办一般是执纪执法部门在收到反映关于干部选拔任用违规问题的举报后，对问题反映比较具体清晰的举报进行督办，致力于通过举报查核，维护干部选拔任用的良好氛围。

2.同级内部监督

同级组织（人事）部门干部监督机构利用各种手段对本级干部选拔任用进行监督，主要是通过参加研究讨论干部任免事项会议，执行职数预审、全程纪实等制度，征求同级执纪执法部门关于拟提拔干部的廉政意见，并通过受理查处干部选拔任用公示期间信访，对干部选拔任用工作进行督查。同级领导班子成员一般依托民主集中制手段，对干部选拔任用进行内部监督。

3.群众监督

群众对所闻所见的关于干部选拔任用存在的问题进行反映，一般是通过"12380"举报平台、"12388"举报平台反映，也可以通过直接上访、寄送举报信、发送举报短信等方式向组织部门干部监督机构反映。

组织部门干部监督机构在接到信访举报后，单独或会同纪检监察部门对信访举报进行调查，认真核实反映问题，形成结论性意见。对反映问题属实的举报件，严格追究相关责任人的责任。

第三章 事业单位人力资源培训

第一节 事业单位人力资源培训概述

培训是组织为了弥补内部缺陷和适应当前发展要求,而对组织内部人员的知识水平、技能水平等进行提高的过程。

一、事业单位人力资源培训的含义和特点

国家对事业单位工作人员进行培训是对其能力的开发,是国家的重要投资。事业单位人力资源培训可以使事业单位工作人员的思想水平、政策水平、业务能力等得到提高,使事业单位工作人员的工作责任心、进取意识等得到增强,使事业单位工作人员的业务行为得到规范,使他们在较短的时间里掌握新的理论,获取新的信息,更新观念,提高事业单位服务水平,使事业单位更好地满足社会公众需求。

(一)事业单位人力资源培训的含义

事业单位人力资源培训,是指事业单位根据国家经济社会发展的需要,根据事业单位实际工作的需要以及工作人员自身发展的需要,对事业单位工作人员进行的有计划、有组织的培养、教育和训练活动。接受培训,既是事业单位工作人员享有的一项基本权利,也是事业单位工作人员必须履行的一项义务。

事业单位人力资源培训工作，应坚持以习近平新时代中国特色社会主义思想为指导，以坚定理想信念宗旨为根本，以全面增强公共服务本领为重点，突出政治训练、政治历练，强化专业能力、专业精神，坚持政治统领、服务大局，坚持分类分级、全员覆盖，坚持精准效能、按需施训，坚持依法治教、从严管理，增强培训的系统性、持续性、针对性、有效性。

为了明确事业单位人力资源培训的含义，有必要将培训和常规教育加以区分。培训和常规教育的区别主要有以下几点：

从培训的性质看，事业单位人力资源培训属于成人教育和职业教育的范畴，是一种继续教育。对于事业单位工作人员而言，培训是终身的和不断进行的，是一个接受再教育的过程。事业单位人力资源培训是常规教育的延续，是事业单位工作人员不断学习知识、技能等的过程。

从培训的目的看，事业单位人力资源培训是以任职人员为主要对象、以工作为中心的定向培训，其目的是适应外部环境的发展变化，满足事业单位工作人员自我成长的需要，提高工作绩效和事业单位工作人员素质。而常规教育则是以一般人为对象、以传授知识为中心，目的在于提高人们各个方面的素质。

从培训的内容看，事业单位人力资源培训是多元化培训和针对性培训的统一。事业单位人力资源培训是一种多学科、多层次的教育训练活动，它包含的内容极其丰富，涵盖多个学科的知识。同时，事业单位人力资源培训又有很强的针对性和实用性，在向受训者传授专业知识和特殊技能时，要考虑社会和经济发展的需要，以事业单位的工作需要为着眼点，还要考虑受训者自身职业发展的特点等。而常规教育则是从德、智、体、美、劳几个方面入手，对受教育者进行全面、综合、通用的教育，以使受教育者获得全面发展。

从培训的形式看，事业单位人力资源培训不像学校常规教育那样单一，更加灵活多样。事业单位人力资源培训既可以进行定期培训，也可以进行不定期培训；既可以采取脱产培训，又可以进行在职培训；既可以进行部内培训和部际培训，又可以在部外采取委托培训的方式。

（二）事业单位人力资源培训的特点

事业单位人力资源培训具有社会性、专门性、非营利性等特点。

1.社会性

对事业单位工作人员进行系统培训，既有利于事业单位工作人员综合素质的全面提升，也有助于整个社会协调、和谐地发展。事业单位效能发挥的质量在很大程度上取决于事业单位工作人员素质的高低。对事业单位工作人员队伍素质的提高有着举足轻重作用的事业单位人力资源培训是事业单位人力资源开发的重要环节之一，只有有机开展这种培训才能使事业单位工作人员实现服务特定国家政府机关的社会功能。

2.专门性

正因为事业单位工作人员的特殊身份，其工作环境、服务对象的特定性，其具备的素质具有特殊性，因此对其的培训就必须具有专门性。

这种专门性体现在以下几个方面：

第一，培训主体的专门性。不是所有的培训机构或个人都能成为事业单位工作人员的培训主体。

第二，培训课程的专门性。各事业单位须基于单位职能和对工作人员素质、技能要求的不同规划不同的培训内容。

第三，培训结果运用范围的专门性。事业单位人力资源培训都是有的放矢的，培训的结果与其工作绩效直接挂钩。

3.非营利性

《中华人民共和国民法典》第八十七条规定："为公益目的或者其他非营利目的成立，不向出资人、设立人或者会员分配所取得利润的法人，为非营利法人。非营利法人包括事业单位、社会团体、基金会、社会服务机构等。"非营利性来源于事业单位的社会责任和存在理由，事业单位存在的目的是解决政党政治下的整个社会问题,而不是各个经济利益体的局部问题,追求社会的最终平衡和整体效益。事业单位工作人员必须为人民群众提供优质的服务并解决人为的不公平问题。事业单位人力资源培训的非营利性主要体现为培训费用一般都由国家从财政经费中单列和报销,专款专用。

二、事业单位人力资源培训的目的和意义

(一)事业单位人力资源培训的目的

事业单位开展人力资源培训的主要目的有以下几点:

1.适应外部环境的发展变化

事业单位不是一个封闭的系统,而是一个不断与外界相适应的动态系统。这种适应并不是静态的、机械的适应,而是动态的、积极的适应。事业单位的生存和发展最终归结到工作人员的作用,具体可落实到如何提高事业单位工作人员素质、调动事业单位工作人员的积极性和发挥事业单位工作人员的创造力等。事业单位是一种权变系统,作为事业单位主体的人也应当是权变的,即事业单位必须不断培训工作人员,才能使他们跟上时代,适应技术及经济发展的需要。

2.满足事业单位工作人员自我成长的需要

许多事业单位工作人员希望学习新的知识和技能,希望接受具有挑战性的任务,希望晋升,这些都离不开培训。事业单位开展人力资源培训,在一定程度上可以满足事业单位工作人员自我成长的需要。

3.提高工作绩效和事业单位工作人员素质

通过培训,事业单位工作人员可在工作中减少失误,降低因失误造成的损失。同时,在经过培训后,事业单位工作人员随着技能的提高,可以提高事业单位的工作质量和工作绩效。通过培训,事业单位工作人员的知识和技能也得

到提高。

（二）事业单位人力资源培训的意义

事业单位人力资源培训，不论是对人力资源开发、对事业单位的建设，还是对经济社会的发展，对民族富强，都具有重要的意义。

事业单位人力资源培训是提高事业单位工作人员整体素质和业务能力的基本途径和重要保证。事业单位工作人员在进入事业单位之前已经具备一些基本素质，进入事业单位后，还需要掌握和熟悉处理某项工作的特殊技能，不断提高自身素质。对事业单位新录用人员、在职人员的培训都是十分重要的。

随着现代科学技术的发展，事业单位工作人员涉及的业务内容和处理方法也在不断更新和变化中，一些新的理论和科学技术越来越多地渗透到公共管理中。例如，系统论、控制论和信息论等现代管理理论日益广泛地为管理部门所用，先进的计算机和互联网技术、通信技术以及办公自动化设备也被广泛地应用于事业单位之中。这些变化给事业单位工作人员提出了挑战，要求他们更新知识结构，通过快速的学习、运用新的方法处理公共事务，从而跟上社会发展的脚步。

事业单位人力资源培训是充分开发人力资源的重要渠道，是事业单位工作人员自身职业发展的重要阶梯。人的品德、知识、技能和体力等具有很大的可塑性和发掘潜力，培训便是塑造人才和发掘人的潜能的有效途径。高质量的人力资源不是自然形成的，而是系统培训的结果。对事业单位工作人员进行系统培训，有助于其开阔视野、提高工作情趣，有助于提高其领导、计划与协调能力，有助于其职务晋升和未来发展。

事业单位人力资源培训是事业单位管理职能调整和转变的要求。20世纪以来，各国政府的职能范围不断扩大，政府的活动几乎遍及社会生活的方方面面。随着政府职能范围的扩大，公共管理的内容也发生了巨大的变化。作为公共管理的主体之一，事业单位工作人员承担着繁重的管理职责。为此，及时对事业单位工作人员进行培训，使之认清形势做到称职合格，便势在必行。当今世界各国的行政发展和普遍进行的行政改革对事业单位工作人员提出了越来越高的要求，行政改革和发展意味着政府职能和管理角色的转变。政府职能的转变和调整，要求事业单位工作人员必须跟上这一步伐。在这一过程中，事业单位人力资源培训在建设具有现代管理理念并掌握现代管理手段的事业单位工作人员队伍方面的作用举足轻重。

三、事业单位人力资源培训的类型和形式

（一）事业单位人力资源培训的类型

从世界各国看，事业单位人力资源培训的类型很多，分类角度和分类方法也不尽相同。根据培训对象和培训目的的不同，我国事业单位人力资源培训可以分为以下几种类型：

1. 初任培训

初任培训是指对新录用人员或调入新职前工作人员的培训。培训的目的在于使新进或调入新职的事业单位工作人员了解自己即将从事的工作的性质和内容，熟悉工作环境、工作程序等，掌握一般的工作方法和技巧，树立履行职责、完成本职工作的基本思想，以尽快适应将要负责的工作。初任培训的内容主要是即将任职岗位所必须具备的基本知识和技能。初任培训是事业单位工作人员职业生涯开始时或任新职时所经历的第一种培训，又被称为职前培训、入门培训。初任培训一般采取以下两种方式：

一是工作实习，即组织新录用或调入新职的人员在有经验的事业单位工作人员的指导下，到即将从事工作的环境中了解工作的基本性质、特点、程序，熟悉工作环境，积累工作经验。这种培训方式经济、简便且易于组织实施，但若组织不当，则容易流于形式。

二是集中进行理论和业务培训，即把新录用或调入新职的人员集中起来送往培训班或培训基地，使新录用或调入新职人员对国家的大政方针、相关法律法规等有所了解，使新录用或调入新职人员树立努力工作的理想和信念，使新录用或调入新职人员掌握从事未来工作所应该具备的知识、技能等。这种培训方式实施过程较复杂，耗资较大，但可以使事业单位新录用或调入新职的人员受到较为全面、系统的训练。

在一般情况下，对经考试录用进入事业单位担任主任科员以下非领导职务且尚未正式任职的人员进行的初任培训，在试用期间进行，时间不少于10天。初任培训合格者方能任职定级，不合格或未参加培训者不得任职定级。目前，我国事业单位工作人员的初任培训除了采用上述方式外，还采取网上培训的方式。网上培训是一种新的培训方式，它不受空间、时间等因素的限制，培训规模可大可小，有助于减少工学矛盾，节省开支，提高培训效益。网上培训是一个新的尝试，还需要在实践中不断完善。

2. 专业培训

专业培训是指事业单位根据工作需要，对事业单位工作人员进行的与任职岗位相关的专门知识和业务技能培训。培训对象可以是新录用的人员，也可以是有一定工作经验的工作人员。培训目的主要是使受训者掌握专项工作所要求的特殊知识和技能。此类培训在时间和方式上视工作需要而定，多为脱产培训。为保证专业性质较强的部门和岗位的工作质量，未经专业培训或培训不合格者不得上岗。

3. 知识更新培训

知识更新培训的对象为全体在职人员，目的在于更新事业单位工作人员的知识结构，使他们掌握新的知识和技能以适应形势发展的要求，提高公共管理能力和服务水平。培训方式主要有两种：一是分期分批地选送受训者到各种学习班中进行系统化的理论学习；二是经常举办知识讲座，邀请相关专家、学者等到事业单位做报告。事业单位人事部门应每年提出知识更新培训科目，明确要求个人不得在培训期间随意退出。

4.任职培训

任职培训的对象是晋升领导职务和调换领导岗位的人员，培训内容围绕事业单位工作人员拟晋升新的领导职务所需具备的政策水平、组织领导能力和专业知识能力等来确定。培训的目的就是通过培训为事业单位工作人员晋升一定领导职务做好充分准备。

（二）事业单位人力资源培训的形式

事业单位人力资源培训有多种形式，下面仅就部分形式进行阐述：

1.部内培训

部内培训是指事业单位各职能部门内部自设培训机构，根据本部门工作的需要对本部门人员进行培训。部内培训课程的设置、培训时间、培训地点等均由各部门自己确定。此类培训的最大优点在于针对性较强，容易实施，也比较容易取得实效。

2.部际培训

部际培训是指事业单位若干职能部门横向联合举办的培训。这种跨部门举办的培训，或由各职能部门共同组织，或由学会或学校帮助组织，为相同专业或同一层级的事业单位工作人员提供某些共同的课程。参与部际培训的各部门共同承担培训费用。各部门举办联合培训有助于增进部门之间的相互联系和信息交流，并有助于节省培训经费，提高培训效益。

3.交流培训

交流培训是指通过部门之间、地区之间人员的交流对事业单位工作人员实行的培训。交流培训目的在于帮助事业单位工作人员扩大知识面，增强在各种环境中处理问题的能力。交流培训还包括研讨性的培训形式，即通过研讨、集会演讲乃至部门间人员的相互交谈，就公共管理的某些问题或专门技能问题等进行磋商。这种方式将不同行业、不同部门和不同层次的人员集中到一起，让他们相互交流，既有助于他们开阔视野，也有助于增强他们解决所面对的现实问题的能力。

4.学校培训

学校培训是指由各部门选送部分有培养前途的事业单位工作人员，委托国内外的高等院校对其进行培训；或事业单位工作人员依据有关规定，通过考试到行政学院或国内外高等院校进行研修。在学校培训中，行政学院培训是事业单位工作人员基本的培训形式。高等院校具有完备的教学设施和雄厚的师资力量，因而成为对事业单位工作人员进行培训的重要场所。

例如，公共管理硕士（Master of Public Administration, MPA）教育培训。MPA学位教育是国际公认的高层次职位研究生教育之一。MPA学位教育具有一套完整的公共行政和公共管理的教育体系，对许多发达国家和地区的公共人力资源管理的发展起到了积极作用。随着我国社会主义市场经济的建立和完善，事业单位在市场运作中的角色发生变化，我国大胆借鉴国外教育的成功经验，通过大力建立和创新MPA教育体系，培养面向国际的适应新时代发展需求的高素质管理人才。我国的MPA教育已走过了10余年的发展历程，从无到有，从不成熟到成熟，渐渐形成了自身的特点，已经步入快速、稳定发展的轨道。基于我国政治、经济、文化等对公共人力资源的素质要求，我国提出了具有中国特色的MPA教育培训目标：培养全面发展的、适应新形势下公共管理现代化、科学化、专业化要求的政府及其他公共管理部门需要的高层次的、理性的实践工作者。MPA学位教育有助于高素质的、专业化的事业单位人力资源队伍建设。

5.跨国培训

对事业单位工作人员开展跨国培训，不仅能使其成功体验国外优秀的培训方式、学习先进的公共管理理论和技术，同时也能开阔事业单位工作人员的视野，培养国际化的管理人才。根据培训投入机制、委托方和受托方的类型，当前事业单位人力资源跨国培训的模式可分为"一中一外受托机构"模式与

"国外受托机构"模式两种。其中,在"一中一外受托机构"模式中,国内的受托方主要为行政学院与国内高校。"国外受托机构"模式是委托方将事业单位人力资源的培训完全委托给国外非政府受托机构,这类受托机构一般为国外的高校或专业培训机构。

四、事业单位人力资源培训的内容和方法

(一)事业单位人力资源培训的内容

我国事业单位人力资源培训的内容大体包括以下四个部分:

1. 政治理论学习

我国是社会主义国家,我国事业单位工作人员制度是建立在社会主义制度基础之上的,有着鲜明的政治性和阶级性。我国事业单位工作人员必须接受中国共产党的领导,坚持党的基本路线,在政治上同党中央保持一致,积极参与政治活动。通过政治理论学习,事业单位工作人员可以形成较高的思想政治素质。我国事业单位工作人员必须学习马克思主义的基本理论,学习党的路线、方针、政策,能用马克思主义的观点、方法去分析问题、解决问题,树立起为社会主义服务、为人民服务的思想;培养廉洁自律、勤政敬业、发扬民主、求真务实、联系群众、团结协作的良好作风;提高政治鉴别力和抵御腐朽思想侵蚀的能力,提高组织领导能力、依法行政能力、调查研究能力、创新能力和学习能力等。

2. 专业知识培训

专业知识培训是指根据专项工作需要进行的专门业务培训。专业知识培训的对象是从事专门业务工作的事业单位工作人员;专业知识培训的内容是根据各机关、事业单位需要确定的,多是部门规范知识、岗位技能等。

3.管理才能培训

管理才能培训即通过理论知识的学习和管理活动的实践等,提高事业单位工作人员领导下属、运筹决策、协调冲突、融洽关系等的能力。

4.职业道德培训

职业道德培训即培养事业单位工作人员的职业道德和行为规范,使他们忠于祖国、忠于人民、忠于职守、严守国家机密、不得从事与本部门业务有关的营利活动等。

(二)事业单位人力资源培训的方法

事业单位的特性使事业单位人力资源培训的方法不同于常规教育。事业单位工作人员一般具备一定的思想理论水平、文化水平和专业技能,多数人有一定的阅历和经验积累。随着年龄的增长,他们中一部分人的机械记忆力减弱,但理解分析能力增强。许多事业单位工作人员的自我意识相对较强,学习目的明确,具备一定的自我指导能力,知道技能的重要性,学习动力较大,乐于接受培训。

事业单位人力资源培训常用的方法有如下几种:

1.研讨式培训法

研讨式培训法是事业单位人力资源培训常用的方法之一。

研讨式培训法的基本程序如下:

第一,培训者提出问题。

第二,受训者针对问题查阅有关资料。

第三,在查阅资料的基础上,在培训者的指导下,受训者进行交流和研讨。

通过研讨,受训者可以提高对问题的认识,或寻找到相应的解决问题的办法。研讨可以由培训者主持,也可以由受训者主持。

目前,此种培训方法的效果较为明显。受训者组织研讨要制定研讨计划,明确研讨的目标和内容,设计研讨的基本方式。进行研讨的问题既要有理论意义和现实意义,也要能够引起争论。研讨可以根据具体情况采用小组讨论式、系列研讨式、沙龙式等不同形式。在研讨过程中,培训者要善于引导,使受训者较快进入状态,并能围绕某些点进行讨论;要善于总结受训者提出的观点,把握讨论的节奏,处理讨论中的冲突。

2.案例分析培训法

案例分析培训法是目前事业单位人力资源培训普遍采用的方法。案例分析培训法的优点在于它提供了具体复杂的情境,可以让受训者进行有针对性的分析。在这种培训中,分析研究的主体是受训者自身,受训者可通过独立思考、讨论等提高自己解决问题的能力。

3.角色扮演培训法

角色扮演培训法是指事先模拟一个情景,让受训者分别扮演模拟情景中的不同角色,从事指定的活动,以此训练受训者在复杂情况下处理问题的能力。角色扮演培训法常用于对事业单位管理人才的培训。在采用角色扮演培训法时,培训者担任编剧和导演,精心策划情景引导事件和情节的合理展开。情景的设计要符合情理,富有逻辑性,能逐渐展开,使受训者能够在情景中运用所学的理论知识,能引导受训者主动进入角色并能站在所扮演角色的角度思考和处理问题。

4.人格拓展训练培训法

人格拓展训练培训法是指由培训者设计出模拟的惊险情景或极限训练方法,让受训者参与其中。此种训练可以培养受训者的忍耐力和克服障碍、实现目标的意志力。此种方法源于野外生存训练,后来逐步扩展到心理训练等方面。它强调对受训者意志品质和心理承受能力的培养和训练,有助于培养受训者的团队精神和合作态度,培养他们对环境的适应能力和积极进取的人生态度。

5.体验式培训法

体验式培训法区别于传统的认知式培训方式,为人力资源开发提供了新的视角。所谓体验式培训法,就是培训者设定特殊场景,让受训者个体通过充分参与活动获得个人经验,然后指导受训者共同交流,分享个人经验,提升认识。它与传统培训模式的最大区别是强调受训者的充分参与和经验的共同分享,从而有效提高受训者解决实际问题的能力,帮助受训者改善人际关系,达到预期的培训效果。体验式培训是以"量体裁衣"的方案设计和严格的流程为主要特征的完善的培训。

体验式培训具体流程如下:

第一,培训者开展社会需求调查,分析被培训单位的战略发展目标与现状之间的偏差,评估员工培训的需求。

第二,在需求分析的基础上,培训者设定可衡量的培训目标。

第三,培训者根据目标,制定培训计划,同时针对受训者的特性,选择在培训课程中使用的方式方法。

第四,在培训结束后,培训者通过调查问卷或面对面访谈的形式,评估培训效果,帮助受训者最大限度地将知识、技能等运用到工作和生活中,促进个人和组织共同进步。

对事业单位而言,引入体验式培训可以克服传统培训缺少战略规划、容易脱离实际的缺点。在体验式培训中,受训者展示出的积极进取的心态和团队合作的精神将是事业单位最大的精神财富,有助于事业单位文化的形成,有助于增强事业单位的竞争力。

五、事业单位人力资源培训的发展趋势

(一)培训的国际化趋势

当前,人类交往的世界性比过去任何时候都更深入、更广泛,各国相互联系和彼此依存比过去任何时候都更频繁、更紧密,国际社会越来越成为你中有我、我中有你的命运共同体,和平、发展、合作、共赢的历史潮流更加强劲,

事业单位人力资源培训领域的国际合作与交流也越来越频繁。

事业单位人力资源培训的国际化趋势主要表现在以下几个方面：第一，从培训内容上看，许多国家的培训机构增加了国际关系课程和时事专题课程，甚至专门为外国事业单位工作人员设置某些培训项目；第二，从培训方式上看，跨国远程教学日益增多；第三，从培训机构上看，国际培训机构逐渐增多。此外，各国培训机构之间加强了合作与交流、信息共享、取长补短，不断完善各自的培训体系；各国还互派人员进行对等交流或派人员到他国培训机构接受培训。

（二）培训机构的多元化和社会化趋势

1.培训机构趋于多元化

培训机构日益朝政府导向与市场导向相结合的方向发展。当前，事业单位人力资源培训多由隶属于国家的公共培训机构承担，然而随着国家事业单位工作人员数量的增多和国家公共管理职能的发展变化，以及科学技术知识更新速度的加快等，仅靠原有的国家培训机构已无法充分满足培训工作的要求。因此，高等院校和各种社会团体越来越多地参与到事业单位工作人员的培训中，与原有的国家培训机构一起，形成了事业单位人力资源培训的网络。在这个过程中，事业单位购买培训的观念逐渐形成。

2.培训机构趋于社会化

目前，在世界大多数国家中，隶属于国家的事业单位人力资源培训机构仍以国家财政为全部或主要资金来源，但部分国家培训机构已开始尝试依托市场机制进行运作。

（三）在职培训与学位教育相结合的趋势

将在职培训与学位教育相结合是当今各国事业单位人力资源培训的一个发展趋势。将在职培训与学位教育相结合的培训，有助于事业单位工作人员提高自身的能力水平，有助于事业单位工作人员优化自身的学历结构和知识结构。从目前世界各国的情况看，最适合事业单位工作人员的学位教育是公共管理硕士教育。

（四）网络化趋势

当今世界，科技进步日新月异，互联网、云计算、大数据等现代信息技术深刻改变着人类的思维、生产、生活、学习方式，也能更好地满足人们即时的和不同步的学习需求。互联网空间为人们的学习提供了三种基本途径：自学、集体交流和教师讲授。互联网上丰富的学习资源能让不同水平的学习者，通过整合互联网学习资源，实现学习目标。如今，"互联网＋教育＋培训"的发展模式大放异彩，"互联网＋"与事业单位人力资源培训也不断碰撞出火花，推动着事业单位人力资源培训的深入发展。

（五）终身化趋势

当前，全球正在进行新一轮的科技革命与产业变革，新技术、新概念、新产品层出不穷，新产业、新业态、新职业不断涌现。学历教育能为个人发展奠定重要基础，但很难满足个人一生所需的全部知识和技能。进入 21 世纪，许多学科的知识更新周期缩短为 2 到 3 年。知识迭代更新的周期在不断缩短。无论是应对"知识爆炸"还是对抗"知识老化"，唯有与时俱进地加快知识更新、优化知识结构、拓宽眼界视野，才能获得与时代同行共进的过硬本领。事业单位工作人员也应牢固树立终身学习理念，加强学习，拓宽视野，更新知识，不断提高业务能力。为满足事业单位工作人员终身学习的需求，终身化也成为事业单位人力资源培训的重要趋势之一。

（六）培训与咨询相结合的趋势

为了使培训具有针对性和有效性，必须对受训者进行需求分析。这就需要对受训者进行咨询诊断，以明确需要改善的方面，然后通过培训满足受训者的需求。许多咨询师会以兼职教员或培训工作者身份与工商学院或其他教育机构、培训机构进行合作。在某些事业单位人力资源培训机构中，咨询已变为组织的一项功能，由专门的咨询部门通过项目来组织实施。

（七）规范化和标准化趋势

培训需求是多样的，培训技术也是在不断发展的，不同培训机构的服务质量往往参差不齐。没有统一的衡量标准，不利于事业单位人力资源培训的突破与创新。事业单位人力资源培训的规范化和标准化，有助于其长远发展。

第二节　事业单位人力资源培训的流程

培训机构要想做好事业单位人力资源培训这一工作，应把它视为一项系统工程，采用合理的流程，从而提高培训质量和培训效果、降低培训成本、节约培训时间等。

事业单位人力资源培训的流程主要有以下几点：

一、培训需求的确定

确定培训需求的程序主要有以下几点：

（一）确认工作行为差异的存在

工作行为差异是指实际的工作行为与事业单位所期望的工作行为或绩效

的差异。

确认工作行为差异的存在需要依据一定的资料。资料来源包括事业单位工作人员档案、培训要求、调职要求、离职理由、工作意外记录、员工申诉记录、绩效评估、工作描述、工作规范、职位分析报告等。

收集上述资料可以使用个别人员面谈、集体面谈、问卷调查、观察、绩效评估、测试等方法。

（二）培训需求分析

事业单位人力资源培训需求分析，是指事业单位在从事培训活动之前，要从培训的长远目标和近期目标出发，采用各种方法和技术，对事业单位及其成员的现有素质结构、知识结构和技能种类等进行系统的鉴别与分析，以明确培训的方向和内容。培训需求分析是整个培训工作流程的出发点，它直接影响培训工作的质量。进行事业单位人力资源培训需求分析时，相关人员既要按照党和国家大政方针和发展战略的要求，研究事业单位对人力资源培训的需求，也要重视对培训对象的分析，把握培训对象的需求、具体情况等，努力把中央的要求、事业单位的需求和事业单位工作人员的需求结合起来。认真、细致地进行事业单位人力资源培训需求分析，可使培训者设计的教学方案、选择的配套教学资源更具有针对性。培训需求分析是我国事业单位人力资源培训的一个短板，如果任由该短板发展，就会严重影响事业单位人力资源培训的实际效益。传统的计划式培训已经不能适应不断发展的社会主义市场经济的要求，事业单位人力资源培训应由供给（培训机构）主导向消费（培训对象）主导转变。

过去的计划式培训是一种供给主导的活动，培训机构根据培训机构内部培训师的知识结构，结合行政学院自身的职责，安排培训的课程，制定培训计划，然后按照培训计划实施培训，这是一种从上而下的培训。而我们现在所倡导的消费主导的培训方式是需求导向型的培训，即培训机构以满足受训者和送训机构（事业单位）的需求为目标来设计并开展培训活动。培训课程、内容的设计根据受训者的需求而定,这是一种从下而上的培训。换言之,培训需求分析就是培训机构在规划与设计培训活动之前收集相关的信息,采用一定的分析方法对工作任务、人员等进行分析,确定组织是否需要培训、为什么需要培训以及需要什么内容的培训的过程。

培训规划是指事业单位根据单位发展目标和事业单位及其工作人员的培训需求等,制定事业单位人力资源培训计划。培训规划的制定以培训需求分析为基础。培训规划应该既具有现实性,又具有超前性。制定培训规划时,要在需求分析的前提下,立足于事业单位工作人员的素质现状。培训规划具有可操作性、前瞻性,要立足于社会发展的趋势和事业单位发展的长远需要。培训规划的内容一般包括:培训目的和对象;培训内容和方法;培训机构;培训者的来源、专业结构和知识水平;培训经费;等等。

1.培训需求分析的组成

事业单位在进行培训需求分析时要获得多种信息,并从组织、工作任务、人员角度进行分析。

在进行培训需求分析时,事业单位不仅要考虑现实的状况,还要分析未来的可能性。事业单位应制定具有预见性的培训规划,以使培训适应自身未来发展需求。

(1)组织培训需求分析

此类培训需求分析的目的在于,通过对事业单位总体目标、资源等的分析和判断,发现部门工作中存在的问题,说明培训能否有效地解决现有问题。

在组织培训需求分析时,要明确事业单位在一定时期内的发展目标。明确事业单位在一定时期内的发展目标是确定培训目标和培训内容的前提。当发展目标明确后,事业单位要通过组织培训需求分析说明培训对实现既定组织目标的必要性,分析应采取的培训形式、培训规模并进行培训支出预算。

(2)工作任务培训需求分析

工作任务培训需求分析是从完成工作任务需求的角度,对培训需求进行分析。例如，完成工作任务需要什么知识、技能等。

（3）人员培训需求分析

此类分析的目的在于了解事业单位工作人员现有的知识结构、能力状况等，发现其与工作需求的差距，据此确定需要接受培训的个体情况、需要接受培训的种类等。在事业单位中，对事业单位工作人员进行需求分析的主体为事业单位普通员工、部门主管和培训管理机构的人员等。事业单位普通员工通过自我评价的方式，了解自己是否需要接受培训以及需要接受何种培训。在一般情况下，事业单位普通员工都有接受培训的需要。部门主管会根据部门的工作性质、各职位的特点和部门工作绩效等，考虑本部门人员培训的必要性、培训方向、培训内容等。培训管理机构的人员则会通过专业的需求分析技术来评估培训的必要性，分析培训的预期效果。

2.培训需求分析的方法

进行培训需求分析，需要运用合适的方法，常用的方法如下：

（1）问题分析法

这是一种较为有效并被广泛运用的培训需求分析方法，也称绩效差距分析法。它在找出事业单位工作人员之间存在的差距的基础上，分析造成差距的症结和根源，论证培训对解决问题和提高组织绩效的有效性。

运用问题分析法的具体步骤为：①发现问题，即找出部门人员之间存在的差距，通过收集资料、观察、面谈和问卷调查等方式，发现部门中存在的问题；②分析问题，即分析存在问题的主要原因；③论证培训需求的必要性，说明为解决部门工作中的问题所需要的培训种类、培训内容和培训方式等。

（2）全面分析法

全面分析法是通过对事业单位全面、系统地调查和分析，确定事业单位现实状况与理想状态间的差距，从而明确培训的必要性、培训内容、培训方法等。全面分析法强调对组织运转的各个方面进行考察，而非仅仅针对某方面问题进行分析，需要投入较多的资金和时间。但该方法有利于比较全面地分析和认识问题，分析的结果也可以用于人力资源开发与管理的其他环节。

（3）社会调查法

此种方法是进行培训需求分析的具体方法，包括直接观察法、民意测验法、问卷调查法、关键人物访谈法、文献调查法、小组或专家讨论法等。

3.培训需求分析的作用

培训需求分析在培训中的作用有以下两点：一是培训需求分析是确定培训目标的前提，也是制定事业单位人力资源培训规划的基础；二是培训需求分析是事业单位人力资源规划的有机组成部分，是实现人力资源规划的必要手段之一。通过培训需求分析，事业单位可以发现问题，进而做出规划，实行有针对性的培训。

符合实际的、科学的培训需求分析，是相关人员根据具体的资料、数据论证出来的，往往具有较强的说服力。

4.培训需求分析的体系

一套行之有效的培训需求分析体系主要包括五个环节：

第一个环节就是发现培训"压力点"。所谓培训"压力点"就是培训需求存在的原因，如法律法规要求、工作业绩较差、新技术的应用、新的政策出现等。

第二个环节就是培训需求必要性分析。找到培训的"压力点"只是代表着培训需求出现，并不表示培训就是解决问题的正确途径。因此，确认出现的问题只有通过培训才能得到有效解决也是很有必要的。

第三个环节就是要进行培训要素分析，即从工作任务、人员等方面分析并区分真正的培训需求与培训需求假象、普遍需求与个别需求、短期需求与长期需求等。

第四个环节就是对培训需求进行整合。

第五个环节就是以培训资源的最优化配置为基础，依据重要程度和紧迫程度对整理好的培训需求进行排序。

（三）确认培训是否为最好的方法

当工作行为或绩效差异是由个人能力不足，或员工不配合，或主管不积极参与员工培训所引起时，培训往往能有效消除差异。此外，要比较培训的成本和绩效差异造成的损失，分析培训对发展是否有益，以确认培训是否为最好的办法。

二、培训目标的确定

培训目标指培训活动的目的和预期成果，可以针对每一个培训环节设置，也可以面向整个培训过程来设定。如果不能了解受训者需要达到的目标，就无法绘制出清晰的培训路径，也无法有效地传达给受训者目标是什么，甚至导致培训的失效。

因为培训总体目标比较抽象，所以需要不断地分层次细化，使其变得具体、有可操作性。培训的各层次具体目标可操作性越强，越有利于总体目标的实现。有了明确的培训总体目标和细化后的各层次具体目标，人力资源培训管理人员往往能更好地确定培训计划，更好地开展后续培训工作；受训者往往能明确学习目的，少走弯路，朝着既定的目标不懈努力，从而达到事半功倍的效果。

确定培训目标主要有以下四个步骤：

（一）提出目标

在培训工作开始之前，就应提出明确的培训目标。但要注意，这一工作并不是一次完成的，它是一个在培训过程中根据对目标人群了解的不断加深而不断修改的过程。

（二）分清主次

通过培训需求分析，培训管理人员可能会了解到受训者有很多需求。在确定培训目标时，培训管理人员要分清主次区别对待这些目标，分清哪些是受训者"必须掌握"的目标，哪些是受训者"最好掌握"的目标。在一般情况下，受训者要先完成"必须掌握"的目标，再完成"最好掌握"的目标。此外，受训者还要注意，不能只顾及个人需求，也要满足组织培训需求。

（三）检查可行性

根据受训者的情况、时间等条件，检查其是否能完成目标，并做出相应的调整。实现不同的目标所花的时间、精力都是不一样的。例如：实现知识目标通常比较容易，而且不需要花很多时间；实现技能目标需要花较多的时间，因为要通过大量的实践才能使受训者掌握技能；实现态度目标则需要更多的时间，因为这涉及观念的改变。总之，只有具有可行性的培训目标才能被纳入培训计划。

（四）设计目标层次

即使是具有可行性的目标，也要注意其层次问题。对于受训者而言，当然是要将主要时间和精力花费在高层次目标上。通常人们会把知识目标放在首位，受训者只有懂得了知识，然后才能去做。但这样一来，就会有一个弊端，即培训者在培训开始时用大量的时间讲授理论知识，而用于实践的时间却很少，结果是受训者知道了怎么做，却做不好。这就是目标层次没有分好而造成的恶果之一。

三、培训方案的制定

制定培训方案就是将培训目标具体化，即根据既定目标确定培训时间、培训地点、培训内容、培训者、培训方式、培训预算等。制定合理的培训方案必须兼顾许多具体的情景因素，如人员特点、技术发展水平与趋势、国家法规、组织文化等。

培训方案的主要内容如下：

（一）培训时间

培训时间包括每次培训的时间，以及每一个培训周期的时间。参加培训的大多是在职员工，因此培训时间必须考虑工作和学习兼顾问题，可以让受训者半天工作、半天培训，可以让受训者利用业余时间培训，也可以让受训者进行几天集中培训等。培训者应根据培训内容和受训者的水平，确定适当的培训时间。培训持续时间较长的，应设计为脱产方式。在年度培训方案中，还可分阶段确定培训目的、内容和时间等。

（二）培训地点

培训地点的确定应结合事业单位的具体情况，或在本单位，或在行政学院，或在酒店，或在其他培训机构。培训地点的选择，会影响培训预算等。

（三）培训内容

培训内容主要可以分为以下三大类：

一是知识类培训，又称认识能力学习，要使员工具备完成岗位工作所必需的基本业务知识，如了解单位的基本情况、发展战略、规章制度等。

二是技能类培训，又称肌肉性或精神性运动技能的学习，要使员工掌握完成岗位工作所必备的技术、能力,如操作技术、应变能力、沟通能力等。

三是态度类培训,又称情感性学习,与人的价值观和利益相联系,要使员工具备完成岗位工作所要求的积极态度,如合作性、积极性、自律性和服务意识等。

为了便于员工学习,一般都要将培训的内容编制成相应的教材。培训内容不同,教材的形式也不尽相同。

(四)培训者

培训者的选择是培训实施的一项重要内容,培训者选择得恰当与否对整个培训活动的效果和质量有着直接的影响。优秀的培训者应该具备良好的职业素养、丰富的培训经验和优秀的培训能力(包括讲解或口头表达能力、沟通与交流能力、问题的发现与解决能力、多媒体信息技术应用能力等)。优秀的培训者往往能够使培训工作更加富有成效。

培训者的来源一般来说有两个渠道:一是外部渠道;二是内部渠道。

来自外部渠道的培训者一般比较专业,有先进的理念和培训经验;与单位没有直接关系,员工比较容易接受。但来自外部渠道的培训者对单位不了解,培训内容针对性不强,而且一般费用较高。

来自内部渠道的培训者对单位情况很了解,培训内容针对性强,培训费用低,可与参加培训的员工进行更好的交流。但来自内部渠道的培训者可能缺乏培训经验;受企业现有状况影响比较大,新理念和新思维较少;员工对培训者的接受程度可能比较低。

两个渠道的培训者各有其长处和短处,因此事业单位应当根据培训内容和要求选择恰当的培训者。

(五)培训方式

事业单位人力资源培训采取脱产或不脱产方式,由培训组织者确定。至于培训教学采用何种方式，可由培训者提出，也可由培训组织者与培训者共同商定，前提是必须有利于提升培训效果。常用培训方法有学徒法、讲授法、视听法、角色扮演法、案例研讨法、讨论法等。

（六）培训预算

制定培训方案时，确定合适的培训预算是很有必要的。这里的培训费用一般只计算直接发生的费用，如培训地点的场租、培训的教材费、培训者的授课费、培训的设备费等。对培训费用做出预算，既便于获取资金支持以保证培训的顺利实施，也是进行培训评估的一个重要依据。

四、培训方案的实施

在培训方案实施过程中，要制作培训实施计划表和培训方案具体实施表等，落实培训对象、培训地点、培训时间、培训内容等各种培训事项，确保培训方案的实施取得相应的效果。

五、培训成果的转化

培训成果转化是指受训者将在培训中所学到的知识、技能和行为应用到实际工作当中的过程。一般来说，培训成果的转化效果受氛围、上级支持、同事支持、技术支持、运用机会及自我管理能力等的影响。

（一）氛围

良好的氛围有助于员工培训成果的转化。

（二）上级支持

上级支持是影响培训成果转化效果的重要因素。一般来说，上级的支持程度越高，培训成果就越有可能得到转化。上级支持表现在以下几个方面：鼓励受训者在工作中运用培训所学到的内容；在受训者没有意识到的时候，提醒他们在工作中运用培训所学到的内容；给受训者提供机会，使他们能够在工作中运用培训所学到的内容；在受训者运用从培训中所学到的内容时，及时给予指导和反馈；等等。

（三）同事支持

这里所说的同事不仅包括一起参加培训的同事，还包括那些没有参加培训的同事。这种支持主要表现为：在一起相互讨论培训成果转化的体验，分享成功的经验，接受失败的教训，从而使培训成果的转化更有成效；其他同事在运用从培训中所学到的内容时，为其提供必要的帮助；鼓励其他同事在工作中运用从培训中所学到的内容；等等。

（四）技术支持

这是培训成果转化的硬件条件。例如，如果员工在参加培训后在工作过程中有新的创意与设计，但单位的技术支持不到位，也无法实现成果的转化。

（五）运用机会

员工通过培训学到的技能必须有用武之地，才能转化为生产力。员工如果有较多运用培训中所学技能的机会，其技能水平在运用的过程中也会不断提高；相反，员工如果没有较多运用培训中所学技能的机会，就无法真正掌握这些技能。

（六）自我管理能力

自我管理是员工的主观行为，参加了培训后如何进行知识技能的巩固与提高，如何更进一步提高自己的能力从而将培训所学转化为成果，关键还是要看员工的自我管理能力。

六、培训效果的评估

（一）培训效果评估的定义

评估，即评价、评判、评定，弄清对象的价值高低、质地优劣。评估一般是建立在揣测、推测基础上的，也就是说，评估是一种定性评价和模糊的定量评价。有的学者认为培训效果评估是组织对培训需求、培训过程和培训结果的评估过程，也叫培训评估。这是广义的培训效果评估。另外一些学者认为培训效果评估应该是培训评估的一部分，培训评估分为培训需求评估和培训效果评估。这是狭义的培训效果评估。这里所论述的培训效果评估是指狭义的培训效果评估。

目前，学术界关于培训效果评估的定义可以分为三类：第一类定义注重评估培训对受训者行为的改变；第二类定义注重评估培训需求的满足；第三类定义注重评估培训项目本身。

笔者认为，培训效果评估就是通过一系列的方法来评估接受培训的工作人员将要或已经获得的意识、知识、技能、态度等方面的程度，并把这些意识、知识、技能、态度等应用于工作后给组织和社会带来的经济效益和社会效益的大小。培训效果评估包括对受训者的评估、对培训项目的评估、对组织的评估、对社会效益的评估。

（二）培训效果评估的分类

培训效果评估是培训工作的最后环节，可以分析培训工作是否取得预期效果，也可以为以后的培训工作提供参考。

培训效果评估按评估实施的时间来划分，可以分成培训前的评估、培训过程中的评估和培训结束后的评估。培训前的评估主要包括对培训安排和预算的评估；培训过程中的评估包括对培训内容和方法的评估、对培训课程设计和师资选择的评估、对受训者接受状态的评估等；培训结束后的评估包括对受训者培训效果的评估、对组织收益的评估、对培训工作成本收益的评估等。

（三）培训效果评估的层次

培训效果评估通常可以分为四个层次：

第一个层次是受训者对培训水平进行评估，即由受训者对培训的内容、方式、培训者的讲授水平等进行评估，这是培训效果评估的最低层次。例如，受训者认为培训内容是否有用、清晰、有趣，培训教材、培训速度是否合适，培训方式是否能调动他们的积极性，培训环境和设施是否满足他们的需要等。由于受训者是接受培训的主体，是培训效果评估环节的重要信息来源，在培训效果评估过程中，应当注意收集这方面的信息。一般在培训结束后，培训组织者通过向受训者分发培训评价表来收集这方面的信息。培训评价表可以根据培训的具体情况进行设计。一份优秀的培训评价表应与培训目标联系，涉及培训的主要环节与因素，如培训的时间、地点、设施、内容、培训者等。此外，相关人员应鼓励受训者真实反映培训效果。

第二个层次是对受训者学习水平的评估，即评估受训者参加培训活动的学习成绩，确定他们是否学到应学的知识与技能等。通常是在培训即将结束之前，通过对受训者在培训期间所学知识的测试获取他们的学习成绩，以此为指标衡量培训的效果。测试可以采取书面测试等方式，主要与受训前相比，测试受训者是否掌握了较多的知识和技能，是否改变了态度。

第三个层次是评估受训者的工作与行为水平，以培训后受训者的工作、行为变化为指标，主要目的是了解通过培训活动，受训者的工作行为是否发生了变化，如事业单位工作人员对待来信来访的民众是否比过去更加友善、服务是否比过去更加周到等。

第四个层次是评估培训对受训者个人及组织绩效产生的影响，即根据预先确定的培训目标，衡量培训所取得的成果是什么。个人及组织绩效的提高是非常重要的培训效果评估指标。根据受训者的反映、知识的增长以及工作行为的变化，可以判定某个培训活动是否成功，如果个人及组织绩效没有提高，那么就说明该培训活动没有达到既定目标。

（四）培训效果评估的主体与客体

在现代事业单位中，培训效果评估的主体有以下四种：一是培训的组织者和培训者。他们需要依据培训效果评估改进培训项目。二是事业单位管理层。培训效果评估可以为他们后续的培训决策提供参考。三是受训者。他们可以通过培训效果评估知道自己的提高程度。四是受训者的直接上级。他们可以通过培训效果评估了解下属的情况，为其以后的工作提供指导。但在实际效果评估中，对不同客体的评估要有相应合适的评估主体。

培训效果评估既对人进行评估，也对培训的组织进行评估。因此，培训效果评估的客体可以总结为以下两种：一是培训的过程，包括培训需求、培训目标、培训内容、培训方式、培训设备等；二是培训效果，包括学习效果、行为效果、业绩效果、培训效益等。

（五）培训效果评估的原则

事业单位人力资源培训效果评估的原则对制定效果评估指标体系、开展效果评估活动、提高效果评估质量、发挥效果评估功能等有重要意义。

1.定量评估与定性评估相结合原则

为了避免单纯定性评估的主观性，克服单纯定量评估的机械性，培训效果评估必须坚持定量评估与定性评估相结合的原则，形成一个完整的评估体系。在进行培训效果评估时，第一阶段应先进行定量分析，将培训效果分解为多项评估要素，再给每大项要素确定好权重，最后计算出培训效果的得分，此得分在一定程度上反映培训效果的水平与价值。定性评估是培训效果评估的第二阶段，定性评估要以定量评估为基础和依据。第三阶段是定性评估与定量评估的充分结合，以便准确把握确定性因素与不确定性因素的影响。这个阶段要对培训效果的整体水平作出判断，明确培训效果的优劣，作出的评判结论应是可靠的、可比的。

2.实用性与可操作性原则

评估的指标设计要能客观反映事业单位人力资源培训的实际效果，为行政主管部门全面了解、掌握事业单位工作人员培训动态和科学决策提供依据。同时，事业单位要通过培训效果评估反馈信息、发现问题、找出差距、完善自我。评估所选用的标准、程序、范围和资料等必须符合国家有关规定，评估所需费用和时间要比较合理，评估方法要简单易行、操作方便，评估要有利于降低成本。总之，评估要切实可行。所以评估不能走极端，不能为了获得资料与信息，把评估变成科学研究，把评估复杂化。评估人员没有必要像科学家那样，总是进行复杂的分析，应努力使资料的收集和分析明晰易懂。

3.客观性与准确性原则

为便于对评估结果进行纵、横向比较，培训效果评估应尽可能把握好不确定性因素的影响，把不可比因素转化为可比因素，并将数据进行标准化处理，力求评估数据准确可靠。客观性与准确性原则即实事求是的原则，是指评估人员在进行评估时，一定要坚持实事求是的态度，排斥主观臆断，真实、准确地反映培训的实际效果。这条原则是最重要的原则。因为评估的实质是对所实施的培训活动的效果进行科学的判断，这种判断如果是客观的、实事求是的，对培训活动的价值判断才有可能符合实际，从而推动培训计划的有效开展和组织目标的实现；反之则不然。

4.评估标准的科学性与系统性原则

评估培训效果是一个很复杂的过程，这是因为培训效果具有多因素、多变量、界限模糊等特点，科学地进行定量分析是比较困难的。坚持评估标准的科学性就是要努力做到合理分解评估项目与要素，合理确定各项评估指标的权重。评估标准不但要具有科学性，而且要具有系统性，即评估标准既要结合具体情况，又要力求系统、全面地反映事业单位人力资源培训工作的实际效果和质量。在评估过程中，评估人员要针对特定目标选择适用的标准和科学的方法，制定科学的评估方案，使评估结果准确、合理。

5.协作性与连续性原则

培训效果评估要求所有参与培训的成员都积极参与协作评估。因为培训效果评估不只是收集、测量一些数据以及提供提高绩效方法的统计分析，它对培训项目投资者、组织者、培训者、受训者等都有重要作用。对于受训者，他们必须理解、掌握培训内容，并付诸实践，获得预期结果；对于培训者，他们必须以有效的方式来实施培训以便让内容为受训者所掌握；对于组织者，他们必须制定一个与受训者的需求休戚相关的培训方案；对于投资者和管理人员，他们的支持将对评估工作产生极大影响。此外，评估应是长期的、连续的，只有这样，评估才能真正发挥作用，给予管理者、受训者、培训者以持续的动力和压力。

（六）培训效果评估的内容

一般来说，培训效果评估的内容大致有以下几项：实施的培训是否符合事业单位人力资源发展的需要；培训计划能否起到基本的作用；培训内容是否按原计划顺利完成；受训者实际的接受程度如何，是否对实际工作有指导意义；受训者接受培训后有什么变化；培训者的授课水平如何；培训的场地与时间是否合适；培训教材的质量如何；培训的方式是否合适；培训投资与收益分析；培训中的成功与失败之处，应如何改善等。

以上内容可以分为两个方面：一是对培训活动过程的评估；二是对培训活动结果的评估。对培训活动过程的评估，通常在培训过程中进行。对培训活动结果的评估，往往需要待培训活动结束后，甚至在结束一段时间以后才能进行。因为培训对受训者行为及业绩的影响往往要经历一段时间才能显现出来，这是由学习的一般规律所决定的。从人们开始接触新知识，到将这些新知识应用于实践往往要经历一段时间。人们要先对新知识进行消化、理解和吸收，进而才能熟练运用。

（七）培训效果评估的常用方法

培训效果评估的具体方法有很多，结合国内外的实际应用情况，下面介绍几种比较常用的评估方法：

1.观察法

观察法是指在培训过程中观察受训者并记录受训者行为的变化情况。观察人员可以由人力资源管理人员、受训者的直接上级或同一小组的成员、外部第三方人员等构成。

2.问卷＋访谈法

问卷＋访谈法是最为常用的培训效果评估方法。问卷一般是根据要评估的对象，设计相关的题目让受训者作答。问卷一般分为两种，即知识态度问卷和行为表现问卷。访谈是通过调查者和受训者对话的方式，使培训主体了解培训的需求和效果。在培训前，需要设计调查问卷和对受训者的直接上级或高层管理者进行访谈，主要是调查受训者的培训需求、培训目标等。在培训后，也要进行问卷调查和访谈，目的是调查受训者对培训的感受、意见和收获，以这些问卷和访谈记录为基础进行培训总结、评估培训效果，并对培训提出改进意见。

3.集中小组讨论法

集中小组讨论法是一种交互式的评估方法。一般来说，讨论小组由8~12个参加同一个培训项目的人组成，针对某个问题（如培训的收获等）进行深入的探讨，可以通过头脑风暴来充分发表个人的思想和观点。这样有助于收集不同角度、不同方面的信息。集中小组讨论法有利于取得定性的信息，形成共同的看法；成本低廉，便于实施；灵活性较强，往往可以获得超出预期的结果。

4.测试比较法

测试法是国内很多事业单位在进行培训效果评估时常用的方法，但目前多是培训后的测试，缺少培训前的测试。

测试比较法包括以下几种形式：

（1）简单的测试比较法

一般简单的测试比较法应该做培训前测试和培训后测试，对受训者参加培训前和培训后分别进行内容相同或相近的测试，体现培训的效果。

（2）复杂的测试比较法

如果事业单位的人力、财力和物力足够，还可以进一步进行更复杂但也更精确的测试比较法：在培训前后分别进行多次测试，取平均值，培训前后平均值的差距即为培训取得的效果。

（3）分组测试比较法

前两种比较方法虽然能体现出个体在培训前后的变化，但难以体现参加培训的人员和未参加培训的人员的差别。分组测试比较法是将素质相同的人员分为两组，一组参加培训，另一组不参加培训，然后同时对两组采用培训前和培训后的测试，通过两组测试结果的差别来衡量培训的效果。

5.目标评价法

目标评价法要求在制订培训计划时把培训应该学到的知识、技能和应达到的目标写明，在培训后对比受训者实际的测试成绩看是否达到各个目标。因此，目标评价法需要有详细的培训需求分析作基础。

6. 第三方反馈法

所谓第三方反馈法，就是通过关键人物对受训者在培训前后的工作情况进行评估。关键人物是指与受训者在工作上接触较为密切的人，可以是他的上级，也可以是他的下级或者客户等。

7. 硬指标与软指标结合评估方法

硬指标评估法属于定量分析方法，软指标评估法属于定性分析方法。硬指标的分析一般采用培训成本-收益评估。软指标主要是指员工满意度。员工满意度的评估可以从以下几个方面进行：首先评估受训者对培训的意见反馈，如培训内容是否实用，培训方法是否有效等；其次评估受训者对所学知识、技能等的掌握程度；最后评估受训者工作态度的变化。

（八）培训效果评估的步骤

培训效果评估的开展是有一定的步骤的，通常可分为五个步骤：明确评估目标、确定评估参与者、确定评估指标、选择评估方法和撰写评估报告。

1. 明确评估目标

这是在评估真正开展之前进行的，它是整个评估工作开展的"指挥棒"，所有评估的行为都是围绕这个中心进行的，它对接下来的四个步骤都起着决定性的作用。

在多数情况下，评估目标是与之前所确立的培训目标相关联的，基于某个层面的评估大多是评估是否实现了培训目标的某个子目标。

2. 确定评估参与者

这里所说的参与者不仅包括评估的主体，还包括评估过程中所涉及的人员，如受训对象的主管、同事等。评估的主体就是指负责评估的人员，他们对评估结果的客观性起着较大的影响作用。因此，在确定评估参与者时要遵循多元化和人员结构科学化的原则。

3.确定评估指标

评估指标是根据培训内容确定的，也就是要在评估时明确评的是什么，它是保证评估结果有效性的重要前提，在评估过程中所收集的数据信息、评估对象的选择等都是按照评估指标进行的。培训评估指标的确定有多种方法，比较直接的一种是计算培训的投资回报率，即计算培训所带来的利润与培训所支付的成本（包括时间成本、边际成本）之间的比例关系，由此来评价培训的效果。这种方法的使用有一定的局限性，因为事业单位产出具有非量化性和非标准化的特点，所以一般不采取此种方法。因此，事业单位更多地将培训后工作人员的工作情况，与培训目标加以对照分析来评估培训的效果。

4.选择评估方法

评估方法往往是根据评估目标来选择的。培训效果评估方法有很多种，如问卷、面谈、观察、比较等，这些方法的选择及方法的组合使用都关系着评估结果的准确性。

5.撰写评估报告

评估报告是在整理信息的基础上进行撰写的，因此在撰写评估报告前要对所收集来的数据信息进行处理，对定性和定量的数据进行归档和分析。报告的撰写要真实、清晰、完整。报告的内容应由培训背景、培训实施、结果分析等方面组成。

第三节 事业单位人力资源培训模式

当前我国事业单位人力资源的培训模式有两个特征，即"自上而下"与"以学科为中心"。"自上而下"的培训模式具有重教轻学的特点，"填鸭式"教学是这种传统的单向培训模式的主要形式;"以学科为中心"的培训模式也已不再适合现代人力资源开发的新要求,它忽视了受训者的接受能力和实际解决问题的能力。

下面从培训模式的概念界定着手,对事业单位人力资源培训模式的内涵进行阐述,进而分析事业单位人力资源培训模式的特点并简单介绍几种常见的培训模式。

一、培训模式与事业单位人力资源培训模式的内涵

(一)培训模式的内涵

理论界对"培训模式"概念的界定尚没有统一的定论。"模式"一词常常出现于各类学科之中,"模"是有模式、标准的意思,"式"是指范式、式样。模式可以被建立和被检验,如果需要的话,还可以根据探究进行重建。我国学者查有梁对"模式"的概括是:模式是一种重要的科学操作和科学思维方法。它是为解决特定的问题在一定的抽象、简化手段下,再现原型客体,构建新型客体的一种科学方法。从实践出发,经概括、归纳、综合,可以提出各种模式,模式一经被证实,即有可能形成理论;也可以从理论出发,经类比、演绎、分析提出各种模式,从而促进实践发展。模式是客观实物的相似模拟(实物模式),是真实世界的抽象描写(数学模式),是思想观念的形象显示(图像模式与语义模式)。因此,模式可以理解为对某项活动的理论概括,是可作为范式加以借鉴和运用的操作方法,是介于理论和实践之间的桥梁,即"既是理论的应用,又是实践的概括"。不难看出,模式一方面是对现实原型的抽象和提取,另一方面也提供了对现实原型的操作、改造方法。

对于"培训模式"的概念,学界主要有以下几种观点:一是"培训形式论",根据培训过程中所采用的培训形式定义培训模式,如在岗培训、脱岗培

训和半脱岗培训等；二是"培训方法论"，将培训过程中主要采用的培训方法等同于培训模式，常见的培训方法包括讲授法、视听技术法、讨论法、案例研讨法、角色扮演法等；三是"培训流程论"，它着眼于培训过程的运作程序，是对整个培训过程中不同要素的有机整合，包括培训需求的分析与规划、培训计划的制订、培训实施、培训评估及培训的外部保障等过程。

然而，对"培训模式"的定义不能仅从培训形式或培训方法等方面进行考虑，每一种培训模式都是对培训形式和培训方法等方面的有机综合，是在以培训流程为核心的基础上产生的培训管理系统。因此，笔者认为培训模式是人们对现实的培训过程各要素的概括和抽象，以及对现实培训过程的理论分析，它再现了培训过程，又通过简化、假设、抽象、模拟等提供了培训工作的操作和行为方式。

（二）事业单位人力资源培训模式的内涵

事业单位人力资源培训模式是对事业单位人力资源培训实际工作中的内外部要素及其实施过程进行抽象和概括，并能为事业单位的培训工作提供借鉴范式的事业单位人力资源培训的操作框架。在该模式系统中，事业单位根据实际情况对单位工作人员的培训进行总体规划和管理，每个单独的培训项目之间、单独的培训项目与培训总体规划之间都是相互联系的；同时，每个项目的选择都是在系统的支持下进行的，对培训的实施和管理在系统中处在有机、动态的循环中。因此，事业单位人力资源培训模式有助于事业单位有步骤、有计划地实施培训工作，有助于实现培训工作的系统化和计划化，有助于事业单位工作人员职业能力的提升，有助于事业单位工作人员实现自我发展，有助于事业单位工作人员在提高个人绩效的同时更好地实现组织的目标。

二、事业单位人力资源培训模式的特点

事业单位人力资源培训模式的主体是负责组织培训工作的培训机构和受训人员。其中，受训人员就是指在事业单位从事生产和服务的事业单位工作人员。提高他们的认知水平和业务技能是进行培训工作的目的所在，他们的培训需求是制定和规划培训系统的依据，他们在评估培训效果中也起着重要的作用。事业单位人力资源是所有人力资源的一部分，但事业单位的性质决定事业单位人力资源还具有特殊性。因此，私营组织在人力资源管理上的一些理念和技术并不能照搬进事业单位，而要针对事业单位的特殊性进行适当调整。

事业单位工作人员的特点主要有以下几点：

第一，事业单位工作人员的政治觉悟和道德品质较高。通常事业单位工作人员的政治性要远远高于私营企业的工作人员。许多事业单位工作人员的行为选择或是出于国家全局利益，或是出于社会长远发展，而不仅从成本、技能和管理等方面考虑。因此，事业单位工作人员的行为选择关系着公共组织的形象和合法性。事业单位工作人员往往拥有较高的理论水平、政策水平、法治观念、政治品质、道德觉悟，以及为人民服务的热情、态度、作风和能力。

第二，事业单位工作人员的能力水平和文化层次较高。事业单位主要的工作是向公众提供服务和管理，且这样的服务和管理要求着眼于社会发展的整体和长远利益，因此事业单位工作人员必须具备相关的专业技能和精湛的管理水平。日趋复杂的社会问题要求事业单位工作人员不仅要有准确和有效的解决问题的技能、能力，而且要掌握先进的处理问题的技术手段。事业单位的公共管理职能在当今社会主义市场经济条件下要求更为突出，而管理能力相对业务技能来说，具有更强的综合性和操作性，所以事业单位人力资源是高层次的人力资源。

第三，社会对事业单位工作人员的期望值要高于一般的人力资源。由于公共管理与服务具有垄断性，加之管理与服务中主体与客体的信息不对称，所以

公众对服务的质量和数量期望往往寄托于事业单位工作人员自身所具备的公众意识。这就意味着公众期望事业单位工作人员将个人的发展与整个社会的发展相衔接，把社会的整体利益放在首位。

事业单位人力资源培训模式是以事业单位人力资源为主体的，为事业单位人力资源提供系统的培训操作框架。事业单位工作人员的特性决定了事业单位人力资源培训模式具有如下特点：

第一，事业单位人力资源培训模式的实质是回归的继续教育模式。继续教育培训模式是对常规教育的发展和延续，这体现了终身教育理念。按照事业单位工作人员的工作性质、职业特点和要求等进行的培训贯穿事业单位人力资源管理的全过程。由于受训对象一般已经具有比较丰富的实践经验，也掌握着丰富的专业知识和操作技能，所以对他们的培训是更新和延续的继续教育。

第二，事业单位人力资源培训模式的核心是提高事业单位工作人员的工作效率，改进其工作方式。日益复杂的社会问题强化了提高公共事务管理效率的要求，事业单位工作人员在面临这些问题时需要通盘考虑，把握问题的轻重缓急，同时要有准确判断和有效解决问题的能力。另外，随着知识经济时代的到来，人类知识更新的速度大大加快，事业单位工作人员要积极接受教育培训，改变陈旧的知识结构，不断更新知识技能、转变工作方式，用新的工作方式从事公共事务管理活动，更好地为公众提供服务。

第三，事业单位人力资源培训模式在实施形式上具有灵活多样性，在实施范围和时间上具有伸缩性。由于受训人员一般都是在岗的工作人员，他们本身的工作任务重，能集中学习的时间较少，而且受训人员的学历层次、专业等方面也不相同，所以在培训的实施形式方面具有较大的灵活性。在培训的实施形式方面，受训人员的参与意识和主体意识比较强，可根据自己的情况选择自学、研讨等不同培训形式。另外，在培训时间方面，事业单位应根据受训人员的实际工作情况，对培训时间进行总体规划和选择。

三、事业单位人力资源培训模式的类别

（一）系统型培训模式

系统型培训模式就是通过一系列符合逻辑的步骤，有计划地实施培训。它可以分为五个阶段：分析培训需求、设计培训课程、制订培训计划、实施培训、评估培训效果。

系统型培训模式使培训者和组织的管理人员认识到从事培训的重要意义，更重要的是它强调了评估培训效果在整个培训过程中的重要地位及其对其他培训环节的影响。

（二）咨询型培训模式

随着提供顾问培训服务的职业机构大量涌进市场，为顾客提供服务，咨询型培训模式也随之产生。

咨询型培训模式是以协议或合同的方式固化组织的需要和待解决的问题，然后展开调查分析，在此基础上实施相关的培训，一旦项目评估完成随即解除协议或合同。咨询型培训模式既可以用于组织外部咨询，也可以用于组织内部咨询。组织通过内部咨询能够获得有针对性地解决问题的办法；而通过外部咨询所获得和利用的知识、技能和经验，在合同或协议解除后仍然可以保留在组织中，这样组织就会从中受益。这种培训模式对受训人员技能的提高作用尤为明显，它分为四个阶段：获准进入、调查分析、完成、评估。

在实际应用的过程中，咨询型培训模式得到了改进。改进后的咨询培训模式与改进前相比，有两点鲜明的区别：一是对培训模式的各环节进行了细化，更为具体化的培训环节使培训过程衔接得更加紧密；二是它将"评估"列为整个培训过程的核心，凸显了培训评估在整个培训过程中的重要性。

将培训评估作为培训的核心是培训模式发展的重要一步，体现出评估为培

训服务的迹象，这种观念的改进为更先进的培训模式的提出提供了新思路。

（三）阿什里德培训模式

阿什里德培训模式又称阶段型培训模式，这一培训模式是由阿什里德管理学院的研究课题组人员在对英国一些优秀的企业进行考察研究，并做了大量的文献检索后于1986年提出来的。

阿什里德培训模式将组织的培训活动按等级水平划分了三个阶段：离散阶段、整合阶段以及聚集阶段。在离散阶段，培训在组织中居于次要地位，组织将培训视为支出与费用，不认为培训是一种投资或期待其回报。在整合阶段，组织对培训重要性的关注程度大大提高，与组织内各项活动的联系更加紧密，这主要表现在培训开始与人力资源的需求相结合，与评价系统形成一个整体，在内容的传授上既强调基础知识又强调技能知识。

阿什里德培训模式提供了一个培训的理想状态，即在聚集阶段，培训效能的发挥是最充分的。这个阶段的培训立足长远发展，并且从系统论角度对培训对象进行培训，是使其适应未来社会发展需求的培训。

（四）持续发展型培训模式

持续发展型培训模式是一种基于培训职能的长期强化和提高的培训模式。该模式为组织发展提出了一整套建议，有助于组织资源的开发，因此更能满足组织的需要。

持续发展型培训模式提出了七个活动领域，它们都是实现组织学习和持续发展必不可少的因素：①企业管理政策；②责任与角色要求；③培训计划及需求的识别；④学习活动的参与；⑤培训计划；⑥培训收益；⑦培训目标。

持续发展型培训模式强调将培训置于更广泛的组织背景中，并与组织内其他活动过程相联系；它还提出了通向持续发展之路的一系列相关活动内容。

第四章　事业单位绩效管理

第一节　绩效管理概述

一、绩效管理的内涵

现代管理学认为，管理活动是一个过程，由计划、组织、领导、协调、控制等基本内容构成。绩效管理是人力资源管理活动的重要组成部分之一。绩效管理是管理者为了达到组织目标，与被管理者共同参与的绩效计划制订、绩效辅导沟通、绩效考核评价、绩效结果应用、绩效目标提升的持续循环过程。

绩效管理中的"绩效"是全面的绩效，从层次构成上看包括员工绩效、团队绩效和组织绩效，从内容上看包括结果、行为和素质。绩效管理是现代人力资源管理的核心职能，正确认识和理解其内涵是科学使用和实施的前提。对于绩效管理，可以从以下三个方面加以理解：

（一）绩效管理是一个过程

绩效管理是一个包含若干环节的系统，该系统在整个工作过程中的运行有助于实现管理目的。绩效管理不仅强调绩效结果，而且重视达成绩效目标的行为和过程。绩效管理不仅仅是最后的评价，还强调通过控制绩效周期中的整个过程来达到绩效管理的最终目的。因此，绩效管理不仅是目标管理，而且是过程管理。

（二）绩效管理注重持续的沟通

绩效管理特别强调通过沟通帮助员工实现能力的提升。绩效管理不是迫使员工工作的"大棒"，也不是引诱员工工作的"胡萝卜"，而是以人本思想为指导的组织与员工双赢的策略。

各级管理者都要参与到绩效管理的过程中来，将沟通贯穿于整个绩效管理系统之中，进而与员工相互理解、彼此促进。

（三）绩效管理的最终目的在于绩效改进

绩效管理注重实现绩效改进，而不是绩效评价。在评价员工绩效的同时，绩效管理是防止员工绩效不佳和提高员工绩效水平的工具，所以它的各个环节都是围绕绩效改进这个目的进行的。绩效管理的最终目的在于绩效改进，从而提高组织的核心竞争力。

二、绩效管理的方法

（一）360度绩效考评法

360度绩效考评是一种全方位、多层次的考评，是让上司、同事、供应商、顾客、下属等共同参与到员工考评中，实现对员工的多维度考评。360度绩效考评既是一个相关群体共同参与的过程，也是一个帮助管理人员开发技能的过程。在360度绩效考评中，评价内容来自不同角度和不同层次的人员，其效力是不同的。运用360度绩效考评法得出的评价，往往较客观、可信和公平。在应用360度绩效考评法时，考评者会设计5级或者7级量表，让评估人员选择相应的分值，或者是选择开放式的调查方式，让评估人员发表自己的观点建议。这种考评方法优势非常明显，如：可以多方面搜集信息；重视团队内部和外部的整体评价,可以提升顾客满意度;有利于增强组织的向心力,实现整体业绩的提升。当然这种方法也有所不足,比如信息搜集成本居高不下,来自各方的侧面观点可能存在矛盾,存在作弊的可能性等。

(二)目标管理法

目标管理是由美国著名管理学家彼得·德鲁克(Peter F. Drucker)于1954年首先提出的。他认为,目标管理就是组织的上级和下级管理者一起制定组织的共同目标,根据预期效果规定每个人的主要职责范围,并以这些衡量尺度作为工作的指导方针和评定个人贡献的标准。后来,许多管理学家进一步丰富了目标管理的思想,并形成了一种系统的绩效管理方法——目标管理法。概括地讲,目标管理法是将"以员工为中心"提升到与"以工作为中心"相同的高度,并实施系统化的管理。它是在一个组织中由上级管理人员会同下级管理人员以及员工共同制定组织目标,并将其具体落实到组织的每个部门、每个层次、每位员工,与他们的绩效成果密切联系,明确地规定每个部门、每个层次和每位员工的贡献和奖酬的一套系统化的管理方法。

(三)平衡计分卡法

1992年哈佛商学院教授罗伯特·卡普兰(Robert S. Kaplan)和复兴方案公司总裁大卫·诺顿(David P. Norton)在《哈佛商业评论》上发表的《平衡计分卡——评价指标驱动业绩表现》一文中正式提出关于"平衡计分卡"的理论和方法。传统绩效评估体系只侧重对企业内部短期财务绩效做事后评估,现代社会亟须新的绩效评估体系。为此,从动态战略管理的高度,将企业内部流程与外部市场环境以及组织创新发展等整合起来,建立一种能够保证组织在战略层面可持续发展的新型绩效评估系统是很有必要的。

平衡计分卡是以信息为基础,系统考虑组织绩效驱动因素,多维度平衡评价的一种组织绩效评价系统,平衡计分卡同时也是一种将组织战略目标与组织绩效驱动因素相结合，动态实施组织战略的管理系统。平衡计分卡法的基本原理是：根据组织战略从财务、顾客、内部流程、学习与成长等角度定义组织绩效目标，每个角度包括战略目标、绩效指标、测量指标以及实现目标所需的行动方案，从而突破以往的绩效管理只关注财务指标的局限。

平衡计分卡作为突破财务指标评价局限性的绩效评价工具被提出后，受到了业界的广泛关注。

（四）关键绩效指标管理法

关键绩效指标（key performance indicator, KPI），是指基于组织宏观战略目标导向和客户价值关键驱动因素及核心业务系统整合而形成的一套量化管理指标。

要想准确理解 KPI 的含义，需要注意以下四个方面：

第一，KPI 是衡量组织战略实施效果的关键指标。KPI 具有战略导向，对组织成功具有重要影响。

第二，KPI 是连接个人绩效和组织战略目标的桥梁。基于 KPI 的绩效管理，可以保证员工的努力方向与组织战略目标方向一致。

第三，KPI 反映的是最能有效影响组织价值创造的关键驱动因素。制定 KPI 的主要目的是引导管理者把精力集中在能对绩效产生最大驱动力的经营行为上，及时了解、判断组织运营过程中的问题，采取提高绩效水平的改进措施。

第四，KPI 是用于评价和管理员工绩效的可量化的或可行为化的标准体系。KPI 是一个标准体系，它必须是定量化的；如果难以定量化，那么也必须是可行为化的；如果定量化和可行为化这两个特征都无法满足，那么 KPI 就不是符合要求的关键绩效指标。

三、绩效管理的影响因素

绩效管理的影响因素非常多，常见的有市场环境、组织内部环境、激励方法、员工本身的技能和态度等。

具体而言，市场环境指的是组织本身无法改变的外部因素，是客观存在的。组织内部环境指的是组织所能够提供的各种资源，也是客观存在的，这些因素从某个角度上而言可以调整。激励方法指的是组织为了调动员工的主观能动性而采取的激励措施。员工本身的技能和态度指的是员工在工作中所掌握的技术和形成的思想观点等。

在影响绩效管理的四个因素中，激励方法有助于充分调动员工的主观能动性。因此，组织要根据员工的需求、岗位等，制定科学合理的激励政策，持续激发员工的工作热情和创新性，推动员工和组织整体绩效的不断提升。

四、绩效管理的模式

（一）"德能勤绩"模式

"德能勤绩"模式由来已久，一直被事业单位广泛采用。目前，许多事业单位仍在使用这一模式。

运用"德能勤绩"模式的事业单位的绩效管理常表现出以下特点：

第一，在进行绩效管理的时候，只把重点放在绩效考核上。

第二，用部门领导的考核代替部门的考核，没有部门考核的意识，使得部门领导的考核与部门考核雷同。

第三，在做绩效考核报告时，只是从本单位提倡的价值观念、规章制度和规则等层面对工作进行描述。

第四，绩效评估使用的指标没有针对性。例如，用一个绩效评估指标评估不同的岗位，缺乏针对性。

第五，对绩效管理评价系统不够重视。

对于一些发展之初的或者新成立的部门，"德能勤绩"模式非常合适，比如：在部门的管理制度还不健全，基础管理水平还不高的情况下，"德能勤绩"模式能够提高组织的管理工作水平，使员工有归属感。

（二）"检查评价"模式

当下，在我国，"检查评价"仍然是普遍使用的绩效管理模式。使用这种绩效管理模式的组织，管理者一般具备丰富的管理经验，或者具备先进的管理技术。但这种绩效管理模式往往无法充分调动员工的主观能动性，自然也就无法推动组织战略的有效实行。

"检查评价"模式非常重视质量和工作绩效，会对员工的工作内容、工作方式、工作进度等随时展开调查分析，让员工产生一定压力，从而督促员工认真工作。这种绩效管理模式有利于事业单位领导者领导力水平和管理水平的提升。

这种评价模式的不足之处有：

第一，绩效管理评价结果可能不成立，即具有良好评价结果的不一定是组织的最大贡献者，这弱化了激励效应。

第二，考核项目比较多，导致考核的侧重性不明显，无法指导员工明确工作的主要方向，降低员工工作的成就感。

第三，评估结果缺乏有效性。导致这种情况的因素主要有以下几个：

一是因为考核项目数量多，考核项目权重偏低，无法将组织发展战略目标等重要信息有效地传递给员工以指导员工的工作方向，不能引起员工的足够重视。

二是在实际考核中，经常通过抽查的方式进行考核。某些被抽查到的员工认为自己是运气不好，而不是工作不努力，认为别人的好绩效是因为运气好没有被抽查到，所以考核者不会发自内心地接受评价结果。

（三）"共同参与"模式

"共同参与"绩效管理模式，在我国国企中普遍应用。这类管理模式有着团队精神的优点，但是缺少改革动力，主管人员往往不愿意去冒风险，更喜欢立足于稳健发展。"共同参与"绩效管理模式有三个显著的特点：一是缺少量化指标，绩效管理指标都相对宽泛，给考核者留下了很大的空间；二是提倡全方位考核，自我评价在考核中占有重要地位；三是考核的结果与员工的工资没有挂钩，所以这种考核更容易被员工所认可和接受。

"共同参与"绩效管理模式重视所有员工的共同参与。这种所有员工都参与其中的绩效管理往往才能取得理想的效果，才能更好地发挥团队精神，杜绝个人负面行为，让员工在彼此约束、彼此监督的环境中按时完成自己的工作。

但是，"共同参与"绩效管理模式的不当使用也会产生负面效果，主要包括以下四个方面：

一是很多评价指标中对应的信息有限，考核者可以根据对被考核者的印象来对其进行评分，甚至会考虑到与被考核者的关系而给出感情分，导致评价结果缺乏客观公正性。

二是自我评价不太客观。当涉及个人利益时，个体往往习惯给自己打出比较高的分数，只有极少数实事求是的人才会给自己相对客观的评价，让自己承受损失。

三是这种评价一般与工资没有密切关系，激励效果有限。

四是"共同参与"绩效管理模式容易在组织中形成表面和谐的工作环境，这种工作环境不利于组织创新力的形成，对有更高追求的员工没有太大吸引力，导致员工流失。

（四）"自我管理"模式

在"自我管理"绩效管理模式下，组织会要求员工自己设计激励目标，并通过不断的努力实现这一目标；上级会给予下级充分的权利，支持下级的行动，减少对下级的直接干预；上级比较关注结果而非过程，倡导灵活多变的工作方式和思想，关注员工的身心发展。

"自我管理"绩效管理模式的激励效果相对显著，能够较大限度地刺激员工的创新性和主观能动性，但选择这种绩效管理模式的组织，要具备应用该模式的条件。

"自我管理"绩效管理模式的不足之处如下：

一是部分员工不具备自我管理和自我约束的能力，他们将无法实现个人目标。

二是"自我管理"绩效管理模式缺乏过程控制环节，无法对绩效目标进行及时的监控管理，不能够第一时间发现问题，在问题爆发的时候无法及时采取行动，可能导致组织付出沉重的代价。

三是在"自我管理"绩效管理模式下，绩效管理咨询环节很容易被忽视，上下级员工之间无法进行高效的沟通，上级员工不能倾听基层员工的观点建议，基层员工无法反馈自己有关绩效考核的疑问，所以绩效改进受到一定的限制。

四是这样的绩效管理模式还容易形成小集体意识，不利于将绩效管理和组织目标无缝衔接。

第二节　事业单位绩效考核

一、事业单位绩效考核的主体与流程

（一）绩效考核的主体

接受单位绩效考核的对象即为绩效考核主体。事业单位在进行绩效考核时，常常是将其各部门作为考核对象，如行政处、综合管理部以及各职能部门等。各业务部门是绩效考核的主要对象，人力资源管理部门负责搜集、整理、汇总绩效考核所需资料。绩效考核主要围绕业务部门执行项目时对资金的使用情况进行。

（二）绩效考核的流程

事业单位制定绩效考核体系时，应当以下面三大原则为基准：一是系统性。系统性亦即全面性，指的是事业单位在制定绩效考核制度时，应当综合考虑各个方面，确保体系覆盖业务部门工作的方方面面。二是经济性。顾名思义，经济性指的是在制定绩效考核体系时，要注重其执行的成本支出，合理选择指标，避免无用、复杂的指标。若所选择指标计算过程复杂且重复，那么将提高信息采集成本，从而导致资源浪费。三是可行性。可行性是指事业单位要基于本单位实际来制定绩效考核体系，并确保该体系得到单位内部全体人员的认可，如若存在异议或是有悖公平，那么绩效考核体系的作用将得不到充分发挥。

事业单位实施绩效考核的具体流程如下：一是制定事业单位的最终目标；二是确定其整体目标；三是将整体目标细化至不同部门；四是各部门依据分配到本部门的目标，开展相应的活动；五是选择绩效考核指标；六是结合部门工作结果，进行数据搜集和指标计算；七是以指标权重汇总考核结果为依据，将其整理为报告；八是将考核结果汇报至上级，为相关部门的绩效改进提供依据。

二、事业单位绩效考核的意义

（一）有助于聘用员工

事业单位在任用工作人员时，首要考虑其绩效表现。在聘任制逐渐普及的背景下，绩效考核仍发挥着巨大作用，有助于事业单位直观地了解员工的专业素养和道德水平。将绩效考核引入事业单位人力资源管理当中，对员工的专业能力及道德水平进行评价，可以增进事业单位对员工的了解，评判其是否具备胜任这一岗位的能力。

（二）有助于衡量劳动报酬

事业单位应严格依照按劳分配这一原则，将绩效和员工薪资挂钩。所以，绩效考核是事业单位工作人员劳动报酬的衡量标准。在日常工作中，将绩效考核结果作为劳动报酬的衡量标准，将岗位工资和绩效工资作为员工收入的一部分，在事业单位中较为常见。

（三）有助于激励员工

事业单位在进行人力资源管理时，制定相应的奖惩体制，以相应的激励和惩罚措施来增强员工的工作积极性。就事业单位来说，构建高效、完善的绩效考核评价机制，有助于对员工专业能力、工作业绩等的了解，有助于提高员工的工作积极性、主动性。

三、事业单位绩效考核体系

（一）绩效考核指标体系的构建

构建绩效考核指标体系，应注意以下几点：

1.合理确定考核指标

明确考核指标是构建绩效考核指标体系的关键环节。考核指标选择的好坏，直接影响绩效考核效率的高低。若所选指标过于片面、失之偏颇等，那么事业单位绩效考核结果也会出现不准确、失真等情况。为使事业单位绩效考核更准确、全面，绩效管理人员在选择指标时，不能只关注财务指标，还要适当考虑其他指标，将定性评价和定量评价结合起来。此外，还应当基于具体部门特性确定具体指标，从多个层次出发去选择评价指标，从而增强部门绩效考核的全面性。

2.合理设置各考核指标权重

变异系数法是指标权重分配中的一个基本方法，且大多企事业单位都通过该方法来分配绩效考核各指标的权重。

这一方法的操作过程如下：第一，聘请多位专家来对各指标进行评分，专家首先为每个指标分配其认为最适宜的权重，而后将打分结果转交至绩效考核小组处，并计算出每个指标的权重平均数；第二，在此基础上再进行方差计算，变异系数为每个指标权重平均数与其方差的商；第三，将每一考核指标的变异系数与全部指标变异系数的和相除，得到的值即为该指标的权重。

不同指标所分配到的权重有所不同。

（二）强化事业单位绩效考核体系作用发挥的措施

1.对事业单位业务流程进行重新调整

对业务流程进行重新调整，能有效巩固绩效考核体系在事业单位管理中的地位，确保其作用得以发挥。在这一过程中，重建事业单位的文化是关键，同时也是决定绩效考核结果的重要内容。文化的成功转变将有效提升考核效率，因为员工的工作行为、工作思想等深受事业单位组织文化的熏陶，如若转变了组织文化，那么将重塑员工思想，进而提升工作效率。但文化氛围的改造并非一蹴而就的，而是逐级开展、循序渐进的。为此，可借助培训，加强管理理念的引入，从而实现文化转变，进而实现业务流程的调整与优化。这将极大推动绩效考核体系在事业单位中作用的发挥，有效促进事业单位的发展。

2.确保业务单位个人绩效考核及其评价的相互独立

从理论层面来说，绩效考核主要分为三大层次，即组织绩效考核、部门绩效考核及个人绩效考核。一般情况下，个人绩效与部门绩效、组织绩效一块考核，这其实是缺乏合理性的。原因如下：一个业务部门可能设有多个项目组，并为每个项目组配置负责人。但在进行部门业绩考核时，是以各部门的综合业绩为考核对象的，而不同项目组的业绩表现有所不同，这样所得到的考核结果与实际存在较大偏差。若部门业绩较差，而某个项目负责人表现良好，此时若将部门和项目负责人的绩效合并在一起进行考核，将导致该项目负责人的考核结果差于实际结果，削减其工作热情。反之，对于部门业绩优于个人表现的员工来说，这样的考核不利于个人正确认识自己，也不利于个人成长，甚至会导致其懈怠情绪的产生。鉴于此，应当将组织绩效、部门绩效和个人绩效分开进行考核。

3.对考核结果进行及时交流

事业单位绩效考核体系作为一个全面、完善的体系，旨在促进事业单位服务效率的提高，使其财政资金得到充分利用，进而实现组织目标。但就目前来说，个别事业单位在开展绩效考核时，过于注重评价分数的高低，但不重视导致分数过低的原因，致使其绩效考核工作处于不良循环中。因此，各组织、部门及个人在获知绩效考核结果后，要对绩效考核结果进行分析，及时交流分析结果，并制定绩效改进的策略。

4.尽可能取得事业单位高层人员的支持与认可

事业单位绩效考核体系应取得高层人员的支持与认可，而这需要各部门的相互配合与协作。任何组织的改革都不是一帆风顺的，而领导的高度重视则能有效加快事业单位的改革进程。因此，取得事业单位高层人员的支持与认可是很有必要的。要想获得上级领导的重视，绩效考核人员应当确保绩效管理汇报的规范化、职能化，构建长期有效的绩效考核体系。取得事业单位高层人员的支持与认可，有助于事业单位绩效考核体系作用的发挥。

四、事业单位绩效考核的实施途径

绩效考核是事业单位人资管理的重要环节。事业单位绩效考核对事业单位队伍建设、岗位设置等方面有较大影响。绩效考核的顺利实施，有利于事业单位履行其公共管理与服务职能，进而推动社会发展。

（一）构建高效全面的绩效考核体系

"勤、德、绩、能、廉"是我国一种常见的综合性绩效考核体系，但这一体系中的部分指标往往难以落到实处。在制定事业单位绩效考核指标时，要结合地区、部门等情况，从不同的评估维度着手。所有评估维度都应细化至二级、三级乃至四级指标，并为其设计相应的普适标准。对于关键指标，应最大限度地对其进行量化。除此之外，在指标权重分配方式和模式上，也应注重科学合理性，如一级指标应当以价值取向、组织目标等为依据，二级指标应以被考核者的职位等级等为依据。

（二）强化事业单位人力资源绩效考核意识

意识决定行动，而行动之间又会相互影响，因此事业单位应当将绩效考核意识引入人力资源管理。相关人员唯有深刻认识到绩效考核的作用和意义所在，才能提高其参与绩效考核工作的积极性。当前，市场竞争日益激烈，事业单位应该紧跟潮流，增强绩效考核意识。事业单位应当认识到绩效考核的重要性，将绩效考核引入人力资源管理，以提高单位员工的办事效率，增强其服务意识，优化人力资源管理工作，改变传统行政管理中的懈怠风气，推动自身科学发展。

（三）完善激励机制，提高员工工作能力

就事业单位来说，对人员进行有效管理进而提高员工的工作能力和业务水平，是实行绩效考核的最终目的。就绩效考核而言，应当从提高员工专业素养这一方面着手，使员工深刻意识到绩效管理及考核的意义所在。绩效考核要正确、客观地对员工的工作能力进行评价，从而为单位的长久发展提供保障。在强化对员工的绩效管理的同时，人力资源管理人员还应当构建相应的激励制度，将员工的潜能充分挖掘出来，促进员工工作能力的提升。事业单位要加快绩效考核改革进程，使其实效得以充分发挥，以绩效工资为主线，激励员工的工作积极性，构建高效、合理的薪酬分配机制，激发员工的工作热情，推动自身长远发展。

（四）强化绩效考核的互动沟通

一些发达国家最早在人力资源的绩效管理当中引入互动沟通模式。在该模式下实行的绩效管理侧重双向交流，可有效提高单位工作效率。这一模式转变了传统上下级单项考核的低效管理模式。在实行双向交流的前提下开展绩效管理，一方面有利于绩效考核效率的提高，增强考核结果的准确性；另一方面也会提高员工参与绩效考核的积极性和主动性，增强其成就感和归属感，达到稳定单位人才队伍的效果。

（五）强化绩效考核信息反馈

在进行绩效考核时，可通过强化考核信息反馈这一方式来使得事业单位绩效考核体系的评价需求得以满足，便于其找出自身不足，并结合实际，提出相应的解决措施，进而对绩效管理进行完善优化。事业单位在进行绩效考核时，应当将员工的工作状态作为重点考核内容，以提高员工工作热情、工作效率，推动单位发展。

绩效考核是事业单位人力资源管理至关重要的一个环节，具有不可忽视的作用。事业单位要强化该工作的执行力度，及时有效地处理好考核中出现的问题，增强员工的绩效考核意识，提高其参与绩效考核的主动性，进而推动自身发展。

五、事业单位绩效考核改革

随着全面深化改革的大力推进，各级事业单位都面临着不同程度的挑战。机构的调整、业务的竞争等问题和压力倒逼事业单位必须深化改革，提高效率，不断增强竞争力。事业单位需向社会提供公共服务，这是其不可推卸的职责，也是确保社会沿着正确轨道前进的必要条件。因此，必须对事业单位加强管理。绩效管理工作直接关系事业单位的发展，只有全面落实绩效管理，事业单位的整体服务水平才能得到提升。与某些发达国家相比，我国事业单位绩效考核仍存在一些问题，具体如下：

第一，未能设置合理的绩效考核目标。例如，若未全面细化绩效考核目标，绩效考核目标设置得过于笼统，考核范围未明确划定等，相关人员将无法正确认识绩效考核目标，也就无法朝着统一的方向进步，往往难以达到绩效考核目标。

第二，绩效考核指标体系有所欠缺。通常，"德、能、勤、绩、廉"被视作事业单位绩效考核的五大指标,然而这暴露了一个问题,事业单位绩效考核指标体系过于笼统,难以起到应有的作用。

第三,未能明确绩效考核结果的指导性。促进事业单位与工作人员的共同提高和发展是开展绩效考核的最终目标,然而多数事业单位未能明确绩效考核结果的指导性,对于绩效考核结果的利用不够,从而导致绩效考核的本质作用被削弱。

第四,相关激励机制有所欠缺。事业单位在开展绩效考核工作的过程中,应建立健全相关激励机制,以保证单位员工处于一个完善的管理系统之下,避免员工由于激励不足而工作效率低下,绩效考核不合格。

第五,绩效考核工作应当是全体员工共同参与的工作。但当前部分事业单位并未落实这一点,仅将绩效考核作为上下级之间的单向工作,对于绩效考核结果的指导性未能正确利用,员工也未能正确认识绩效考核的作用,最终导致绩效考核工作失去现实意义。

上述问题均是事业单位绩效考核工作落实过程中的欠缺之处,同时也是必须大力改革之处。因此进行事业单位绩效考核改革是很有必要的。

(一)事业单位绩效考核改革的意义

事业单位绩效考核改革是当前社会发展的大势所趋,对我国经济社会的发展有着较强的促进作用。首先,绩效考核改革有助于事业单位管理水平的整体提升。以往,事业单位员工的工资水平并不受绩效考核结果的影响,员工工作的积极性不高。将员工绩效的考核结果列为员工薪资水平提高、职位晋升的重要参考因素,能够大大改善这一局面,提高员工的工作效能,提升单位整体服务质量与管理水平。其次,绩效考核改革有助于事业单位体制改革进程的有序推进。在传统事业单位体制下,事业单位的投入、产出不成比例。通过全面完善的绩效考核,事业单位可以提高工作效率,取得更好的发展。最后,事业单位是面向社会公众的公共服务单位,进行绩效考核改革,能更好地为公众提供服务。提高群众的满意度是事业单位的工作目标,因此事业单位必须全面落实绩效考核改革与绩效管理工作,以此拉动我国公共服务单位整体管理水平的提升。

(二)事业单位绩效考核改革措施

针对事业单位绩效考核存在的问题,笔者建议采取以下改革措施,全面开展事业单位绩效考核改革工作:

1.科学设置考核目标

绩效考核目标设置的合理与否直接关系到绩效考核结果的有效性和准确性,因此必须科学设置绩效考核目标。

事业单位在确定绩效考核目标时,应当进行全盘考虑,根据单位发展特征、内外部所处环境等进一步明确自身工作内容,进一步细化绩效考核目标,对不同部门、岗位展开全面分析,制定出适合每一位职工的绩效考核目标,以此来提升员工的工作效能,促使其工作效率和积极性全面提升。

2.完善考核指标体系

事业单位绩效考核指标体系的完善程度直接关系到绩效考核标准制定的公平性、考核结果的准确性等。因此,事业单位必须建立健全绩效考核指标体系,明确考核内容和目标,依据相关规定依法制定考核指标,确保绩效考核工作的透明化。与此同时,绩效考核指标体系应当涵盖员工业务水平、工作状况、道德素养等多个方面,以此来保障员工绩效考核的公平性。

3.加强利用考核结果

考核并不是事业单位开展绩效管理工作的核心所在,考核只是一个工具,为的是发现事业单位工作方面的不足,并通过各种手段进行改善,确保事业单位工作效率整体提升。为此,确保考核结果的准确性并加强利用显得尤为重要。在绩效考核工作开展后,相应的反馈机制也应当加强完善,确保事业单位内部信息交流无障碍,确保员工及时得到考核反馈,确保每一位职工的工作成效与绩效考核结果相符。此外，绩效考核结果也关系到事业单位的改革方向，必须加以充分利用。事业单位可利用绩效考核结果从正反两方面奖优罚劣：一方面完善考核结果与评先树优、改进工作、物质奖励挂钩的制度；另一方面在考核评价、发现问题、督促整改、优化提升流程中增加约谈提醒环节，对考核成绩排名靠后的事业单位、工作人员进行约谈，引导被考核单位、人员深入剖析短板弱项，制定整改措施，抓好改进落实。

4.建立健全激励机制

绩效考核目标的全面实现离不开有效的激励手段，唯有进一步建立健全相应的激励机制，才能使员工的工作效能最大化。通常，绩效考核激励机制会同时涵盖精神、物质层面的奖励，包括职位晋升、加薪、发放奖金等手段。进一步完善激励机制是事业单位绩效考核改革成功不可或缺的重要措施。此外，在用人机制方面，事业单位应当加强完善，同时确保职务晋升机制、奖惩机制等与之相适应，确保在员工心中树立起"一分耕耘一分收获"的理念，进而不断提升员工的工作效能。例如，根据考核结果将人员按比例划分为优秀、良好、合格、较差四个等次，并将考核结果作为评先树优、编制调整、物质奖励等的依据。对于优秀等次和名次前移幅度较大的人员，可在各类评选表扬中优先推荐，优先考虑机构编制资源配置。此外，还可建立考核结果等级与年度考核奖挂钩制度，将考核结果作为发放年度考核绩效奖金的重要依据，差异化发放年度考核绩效奖金。

5.实施全员参与考核

传统的事业单位绩效考核主要是上级针对下级开展的，不够科学、全面。事业单位可让全员参与到绩效考核工作中，避免员工不认可绩效考核结果的情况出现。

员工自我考核，也是绩效考核不可或缺的一部分。员工应当朝着绩效考核的目标努力，不断改进自身，使工作效能最大化，从而为事业单位工作效率的整体提高贡献力量。

此外，还应转换上级对下级的考核方式，采取匿名形式反向考核，从而拉动员工工作积极性，确保事业单位绩效考核的全面改革、创新发展。

在事业单位改革历程中，绩效考核是非常重要的一环，是遵循社会发展规律、带动我国社会进步的必要前提。基于此，为确保事业单位整体服务质量、管理水平的全面提升，应当大力落实绩效考核工作。事业单位应当树立起正确的观念，借助绩效考核发现自身在工作中的不足，并有针对性地提出解决方案，在确保绩效考核工作不断完善的同时，为群众提供更优质的服务，提升公众满意度。

第五章　事业单位薪酬与激励管理

第一节　事业单位薪酬管理概述

一、事业单位薪酬概述

(一) 事业单位薪酬的概念

薪酬是一个综合性的概念，广义的薪酬是指员工基于雇佣关系从组织得到的所有利益的总和，不仅包括物质利益，如货币和可以折算为货币的实物，也包括非物质利益，如表扬、晋升等带来的心理满足。狭义的薪酬是指员工因为劳动贡献从雇主那里获得的货币和实物形式的补偿，包括货币形式的财务回报和非货币形式的各种福利。人们常说的薪酬是指狭义的薪酬。

事业单位薪酬是事业单位工作人员在为组织目标和人民群众需求提供所需的行为和服务时，从组织获取的工资、奖金和其他经济性补偿或间接性货币收入。对于事业单位工作人员来说，薪酬是其付出劳动和提供服务的回报或交换，是对个人人力资本使用的报偿，是个人经济收入的主要来源，也是维持个人和家庭生活的重要因素之一。

从本质上讲，事业单位薪酬只是一种分配手段和交换关系。从生产力角度看，它是组织在管理、服务或其他经济活动中投入的活劳动的货币资金表现形式，是服务最终成本的构成要素。从生产关系角度看，它是社会分工后不同经济主体间的资源交换，是微观层面收入分配和再分配的结果。

（二）事业单位薪酬的分类与组成

依据薪酬的功能，事业单位薪酬可分为基本薪酬和辅助薪酬：基本薪酬是计算其他报酬的依据，也是薪酬的主要内容；辅助薪酬是对基本薪酬的补充和调节。依据薪酬的取得方式，事业单位薪酬可分为直接薪酬和间接薪酬。依据薪酬的表现形式，事业单位薪酬可分为货币性薪酬和非货币性薪酬。依据薪酬的发生机制，事业单位薪酬可分为外在薪酬和内在薪酬。事业单位薪酬主要由工资、福利和保险组成。根据全面薪酬的理念，薪酬不仅包括组织向员工提供的经济性报酬与福利，还包括为员工创造的良好的工作环境以及工作本身的内在特征、组织的特征等所带来的非经济性的心理效用。

（三）事业单位薪酬制度

薪酬制度是指为进行薪酬支付而建立的一套薪酬收入分配的规章制度、措施和所采用的各种分配形式的总和。事业单位工作人员的薪酬制度是事业单位人力资源管理中的重要环节之一，它对事业单位行政效率和效能的提高发挥着至关重要的作用。事业单位薪酬制度主要包括基本薪酬制度、保险制度和福利制度。

1.基本薪酬制度

基本薪酬是依据员工的劳动熟练程度、工作的复杂程度、责任大小、工作环境、劳动强度和不同工作在国民经济中的地位，并考虑劳动者的工龄、学历、资历等因素，按照员工实际完成的劳动定额、工作时间或劳动消耗而计付的劳动报酬。事业单位一般都建立了完善的基本薪酬制度。

2.保险制度

保险是一种补偿风险损失从而减轻损失程度的经济方法，它依据大数法则和概率论原理，通过保险人与被保险人签订合同，或者按照国家有关法律规定，收取保险费，建立专门用途的后备基金，用于补偿自然灾害、意外事故等给被保险人带来的经济损失,从而维护和调节经济,保证社会的安定和发展。事业单位应严格按照国家相关规定,建立完善的保险制度,为员工提供养老、医疗、生育、工伤等保险。

3.福利制度

事业单位的福利制度是由各单位根据自身经济实力、管理目标和员工的不同需要自主建立的。不同单位的福利制度可能存在较大差别。我国现行的事业单位工作人员的福利制度主要包括:福利补贴、补助制度,如生活补助、上下班交通费补贴、冬季取暖补贴、通信补贴等;探亲制度,事业单位工作人员享受探亲假和报销往返路费等福利;休假制度,事业单位工作人员享受法定假日休息、带薪年休假、延时工作加倍报酬等福利;等等。

二、事业单位薪酬管理的概念

事业单位薪酬管理是指事业单位根据自身的发展战略和目标,依据国家政策和法律,并综合各方面的因素,确定薪酬策略并付诸实践的整个过程。在这个过程中,组织就薪酬水平、薪酬体系、薪酬结构、薪酬构成以及特殊员工群体的薪酬等方面的内容作出决策。

三、事业单位薪酬管理的功能

事业单位薪酬管理的功能主要有以下几点:

(一)保障功能

事业单位薪酬管理的保障功能主要表现为:发挥薪酬的物质作用,补偿事业单位工作人员在工作过程中体力和脑力等的消耗;鼓励事业单位工作人员进行自我教育投资，提高自身素质，从而更好地完成工作；保障事业单位工作人员在抚养子女、赡养老人等方面的家庭支出。

（二）激励功能

事业单位薪酬管理的激励功能主要表现为：发挥薪酬的精神作用，通过肯定员工在工作中的表现，促进其个人的发展；增强员工荣誉感，鼓励员工积极向上，为事业单位战略目标的实现持续贡献力量。

（三）调节功能

事业单位薪酬管理的调节功能主要表现为：发挥薪酬的杠杆作用，引导人才的合理流动，使人才从不急需或过剩的行业、部门或地区，流向人才急需或紧缺的行业、部门或地区；通过薪酬调整，吸引优秀人才进入事业单位，留住部门运行和发展所需的关键人才；调节事业单位内部的报酬分配关系，协调个人、事业单位甚至国家之间的利益关系。

四、事业单位薪酬管理的原则

事业单位薪酬管理的原则主要有以下几点：

（一）公平性原则

公平性原则指薪酬分配要做到合理与平等。薪酬的公平性包括：内部公平性，即设定合适的工资水平以匹配职务的内在价值；外部公平，即设定合适的工资水平以适应人力资源市场的供求关系；个人公平性，即设定合适的工资水平以体现个人的投入与产出，提高员工满意度。

（二）竞争性原则

薪酬的确定要考虑外部竞争力。保持组织薪酬水平的对外竞争力，能够吸纳、保留和激励员工，增强员工的归属感。

（三）激励性原则

组织在设计薪酬时，要充分考虑薪酬的激励作用。与岗位工资制相比，绩效工资制采用不同的薪酬结构，具有更好的激励性。为体现激励性，员工的薪酬会因为工作表现的差异而拉开差距。

（四）经济性原则

经济性原则要求组织一方面要控制薪酬的水平，另一方面要避免出现人力资源数量过剩或配置过高的现象，以达到控制薪酬成本、避免浪费的目的。

（五）合法性原则

虽然私营部门的薪酬水平，如最低工资标准等也必须依法进行制定，但是相比而言，事业单位的薪酬管理须更加严格依照相关的法律法规，保障员工的工资、福利和保险待遇。

五、事业单位薪酬管理的影响因素

（一）影响事业单位薪酬管理的外部因素

1.人力资源市场状况

对特定地理区域内的事业单位来说，与部门内部特定职位相关的外部职位的平均薪酬水平，是招录和保留该职位的合格人员所应支付的一般薪酬。薪酬水平主要由两个因素决定,一是事业单位内部相关职位的薪酬水平和劳动力供给状况,二是市场上营利性组织与非营利性组织劳动力的替代性。

2.地区生活指数

我国经济发展水平呈现明显的地区差别,发达地区与欠发达地区的生活费用、物价水平都存在明显的差距。事业单位在进行薪酬管理的时候需要考虑当地的生活费用指数以及消费习惯,以满足职工实际需求、提高职工生活品质、增强职工归属感和凝聚力等为目标。同时,薪酬设计要考虑通货膨胀等因素,事业单位应根据实际情况适时对薪酬进行周期性的调整。

3.劳动生产率水平

劳动生产率水平是衡量生产力水平的重要指标,对一个地区而言,劳动生产率越高,生产力水平就越高,薪酬水平必然也越高。不同地区间的产业结构存在较大差别,不同行业和产业的薪酬水平也存在较大的差距。这些都是事业单位进行薪酬管理需要考虑的因素。

4.法律法规与政府政策

影响薪酬管理的法律法规、政策有许多,如各省、自治区、直辖市最低工资标准,个人所得税缴纳比例,工资指导线,员工的退休、养老和医疗保险等方面的规定等。

事业单位应采取合适的薪酬调节措施,以协调人力资源供求关系,加强人力资源开发利用。

(二)影响事业单位薪酬管理的内部因素

1.财政拨款

财政拨款是指政府无偿拨付给事业单位的资金。资金来源一般为本级政府的财政收入。政府通常在拨款时会明确规定资金用途。

根据资金的供给方式,财政拨款分为全额拨款和差额拨款两类。在事业单位中,全额拨款的事业单位属于公益类,是保留的对象;而差额拨款的事业单位属于公益二类甚至三类，其收到的财政拨款一般会逐渐减少，向自收自支过渡。财政拨款的类型直接影响不同事业单位的薪酬水平。

2. 组织的支付能力

组织的支付能力一方面取决于组织人力、物力和财力的投入所能带来的利益与产生的价值，另一方面也取决于组织的资本结构、员工的结构类型以及用于再投资的金额等。组织的支付能力是员工薪酬水平的上限。更大的资产规模、良好的经营运行绩效都能够为组织提供更高的薪酬预算，也会影响员工的薪酬水平。

3. 组织的战略与文化

组织的战略、制度和文化都是影响薪酬的因素。采取市场领先型、跟随型、滞后型以及混合型等不同薪酬战略的组织会提供不同水平的薪酬；组织薪酬管理制度的公平和透明程度，也会影响薪酬管理。此外，组织的文化也会对组织的薪酬管理产生一定的影响，如在管理中坚持以人为本理念的组织往往倾向于强化薪酬对职工的激励作用。

（三）影响事业单位薪酬管理的个人因素

影响事业单位薪酬管理的个人因素主要有以下几点：

1. 职位级别

部分组织会根据员工在组织内部所任职位的责任大小和重要程度，即该职位对组织所承担的责任的大小，将职位分为不同的级别，采取岗位责任制进行薪酬支付。由于事业单位的活动涉及公共利益，因此工作责任在薪酬结构体系中占有重要地位。

2. 工作能力

工作能力是指员工在完成工作任务的过程中所需要的能力，如表达能力、逻辑思维能力、人际沟通能力等。工作能力与个人的教育程度、认知水平、专业等级等紧密相关，工作能力在工作中体现出来，对工作目标的达成有重要影响。组织应根据员工的工作能力进行薪酬支付。

3.工作绩效

工作绩效是员工根据组织目标、实际工作达成的效果，即为组织贡献业绩的多少和重要程度。组织根据员工的绩效支付薪酬，一方面可以确定员工的可变薪酬，另一方面实现了组织目标的传递和分解。强化绩效管理，可以使薪酬分配更加公平合理，激励员工不断提升自我，发挥更大的潜能，从而做出更大的贡献。

4.工作年限

组织应按照员工的工作年限，即员工的工作经验和劳动贡献的积累，给予一定经济补偿。虽然工龄工资的金额不是很高，但可以提高员工的工作积极性，降低员工的流失率。

六、事业单位薪酬管理的模块与作用

在薪酬管理过程中，组织应根据员工提供的劳动或服务，确定他们应当得到的报酬总额、报酬的结构和形式等。组织应根据职位价值、任职资格等确定特定职位的薪酬等级。

（一）事业单位薪酬管理的模块

根据薪酬结构的划分，薪酬管理可以分为不同的模块。

1.薪酬体系管理模块

薪酬体系是指薪酬的构成和分配方式。薪酬体系管理主要是确定组织的薪酬体系由哪些部分构成，以及如何确定各部分之间的比例关系。

首先，组织必须明确组织薪酬体系的构成。从某种角度来说，员工的薪酬包括基本薪酬（即本薪）、绩效薪酬（如奖金）和间接薪酬（如福利等）。

其次,组织必须明确各类薪酬之间的比例,如将基本薪酬和绩效薪酬、固定薪酬和浮动薪酬、直接薪酬和间接薪酬之间的比例分别确定为6∶4、7∶3、8∶2等。

最后,组织还必须明确每一类薪酬的依据。例如,在制定基本薪酬时,需要明确是以工作为基础还是以人为基础,前者表现为职位工资制,后者为技能工资制或能力工资制。

2.薪酬水平管理模块

薪酬水平是指组织内部各类职位和员工平均薪酬的高低状况。薪酬水平管理就是对组织中各部门、各职位及整个组织平均薪酬数额或水平的确定和调整过程。

首先,要根据组织战略和外部市场的薪酬调查结果,确定本组织合适的薪酬战略和薪酬水平,如整体薪酬采取市场领先型战略,从而保持组织对核心员工及外部优秀员工的吸引力。

其次,组织要在薪酬结构、等级要素和构成要素不变的情况下,适时调整薪酬结构上每一等级的数额。薪酬水平的调整主要依据人力资源市场、绩效、职位和能力等要素。

最后,组织需要确定薪酬总额以及个体薪酬的正常增长机制,以更好地应对通货膨胀等情况。

3.薪酬结构管理模块

薪酬结构是指在同一组织内不同职位或不同技能员工薪酬水平的排列形式,强调薪酬水平等级的多少、不同薪酬水平之间级差的大小等。薪酬结构反映了组织对不同职务和员工能力的重要性及其价值的看法。

薪酬结构管理应该注意两点:一是制定过程要科学;二是薪酬之间的差异要合理,以调动员工的工作积极性。

薪酬结构管理的内容之一是组织内部的不同职位人员所得到的薪酬之间的关系,如管理类、技术类、执法类、研发类、后勤类等不同职位人员的薪酬在薪酬构成体系里的关系。

薪酬结构管理的内容之二是组织内部的同一职位之间薪酬的关系，如职能管理类的人力资源管理人员之间、行政管理人员之间、财务管理人员之间薪酬的关系。这种关系对横向公平有直接的影响，对员工的工作积极性影响也很大。

4.薪酬形式管理模块

薪酬形式管理主要考虑薪酬的各个组成部分的支付形式和支付周期。因为员工的薪酬通常包括直接薪酬和间接薪酬。薪酬的支付形式，如货币、公积金以及实物、带薪休假和保险等形式，对不同级别的员工有不同的意义。不同级别的员工往往喜欢不同支付形式的薪酬。另外，不同员工对薪酬的支付周期也有不同的需求。

5.薪酬模式管理模块

由于组织结构和职位类别的复杂性，现代组织一般实行组合薪酬制或结构薪酬制，即对组织内部的不同人员实行不同的薪酬体系和形式组合。薪酬模式管理需要对不同员工的薪酬模式做出详细界定，对不同级别的薪酬组合和等级差距做出具体的规定。

（二）事业单位薪酬管理的作用

薪酬管理是人力资源管理体系中最系统、矛盾最集中、技术要求最高的环节，是整个人力资源管理系统以及组织运营和变革过程中的重要组成部分，它与其他人力资源管理职能共同构成了组织使命、愿景以及战略目标实现的重要基石。

薪酬管理必须与其他人力资源管理环节有效对接、密切结合才能发挥出最大的效用，深入讨论薪酬管理的作用有两点原因：一是薪酬管理处于个体和组织人力资源管理流程的末端，在性质上属于事后管理环节，杠杆作用最大；二是薪酬管理对上游各个管理环节具有巨大的影响，也受到上游各个管理环节的影响。

下面，笔者从薪酬管理与人力资源规划、职位设计体系、选聘安置体系、职业生涯开发体系、绩效管理体系的关系着手谈论其作用。

1.薪酬管理与人力资源规划

人力资源规划从属于人力资源战略和组织发展战略，是组织根据发展战略、目标以及内外环境变化，科学地分析和预测未来自身对人力资源的需求和供给，并据此制定或调整相应政策和实施方案的过程。完善的人力资源规划能确保组织在恰当的时间得到适合不同职位的人才。人力资源规划是否合理直接决定着薪酬管理是否能有效执行。

一方面，组织的战略会影响薪酬管理。例如，引诱型、投资型及参与型等不同的人力资源管理战略会对组织的薪酬水平、形式等产生较大影响，投资型人力资源战略下的薪酬总体水平更高，员工的培训费用较高。

另一方面，人力资源规划本身会影响组织的薪酬水平。人力资源规划大致分为数量规划、质量规划、结构规划三个方面，这三种规划在数量、质量和结构上的不同侧重会使得薪酬水平、结构和形式的要求存在较大差异，最终体现为薪酬等级和总额上的差异。

2.薪酬管理与职位设计体系

现代组织强调"因事设岗、因岗择人、按岗付酬"的管理原则，组织的组织结构、部门结构、职位结构和职位责任分解和设置的科学性会直接影响组织职位薪酬的结构、等级和水平的科学性。基于职位的薪酬体系依赖科学、客观的职位分析和职位评价。

一方面，职位分析形成的职位说明书描述了每一个职位的工作性质、工作内容、工作联系，也明确规定了职位的职责、任务和绩效标准等，为进行职位价值评估、确定薪酬等级和进行薪酬等级的合并提供了依据。

另一方面，职位分析形成的任职资格说明书阐明了任职者为圆满完成此职位的工作所必须具备的知识、技能等。可以说，任职资格要求是进行员工任职能力评估和员工薪酬等级定位的基础。在此基础上，组织围绕任职资格说明书建立任职资格体系、工作评级标准及办法。

3.薪酬管理与选聘安置体系

选聘是指组织由于发展的需要，根据人力资源规划和职位分析的要求，寻找、吸引那些有能力、有意愿到本组织任职的人员，并从中选出适宜人员予以录用的过程。组织的薪酬管理影响着员工的选聘、安置。

一方面，组织提供的薪酬水平是人才在选择工作时会考虑的重要因素之一。较高的薪酬水平有利于吸引大量应聘者，从而提高选聘的成功率。

另一方面，科学的薪酬管理有助于实现员工的合理配置。在一个等级制度中，每个员工趋向于上升到他所不能胜任的职位，为了避免这种"彼得高地"现象，薪酬水平就需要注重按绩效和素质付酬而非按岗位付酬。薪酬管理还要为职位轮换提供空间，使员工发现自己的职业兴趣，长期安心地保持在他能够发挥最大效用的职位上，发挥人力资源的最大效用。

4.薪酬管理与职业生涯开发体系

员工培训、职业生涯开发以及薪酬都属于组织的激励手段，是组织动员员工、提高员工积极性和活力的源泉。不同的薪酬体系、薪酬水平、薪酬结构会促使员工将自己的目标和组织目标进行对比，找出差距与不足，重新设计新的职业生涯规划，使之更符合自身状况和实际情况。

一方面，通过培训，员工的个人技能或职称通常会有所改变，会促进个人绩效和组织绩效的提高，从而使其产生更高薪酬水平的需要。组织应对员工培训后的能力进行认定，在不打破整个薪酬体系和薪酬总额的均衡等的前提下，根据其实际工作能力适时调整其工资。

另一方面，薪酬管理可以将员工的个人职业发展与组织战略结合起来。通过薪酬设计，组织可让员工理解组织的发展战略，唤起员工对职业生涯的重视，使其发挥自己的优势，从而促进自身战略目标的实现。

5.薪酬管理与绩效管理体系

人的劳动是经济生产中重要的投入要素之一,而薪酬是对劳动的定价。一方面,薪酬要保证劳动力生存和再生产的需要;另一方面,薪酬是提升个人绩效和组织绩效水平的关键因素。薪酬管理在以绩效管理为核心的人力资源管理中占有重要地位,是吸引、保留、激励人才的重要手段,是创造、评价、分配价值过程中的重要环节。

薪酬管理和绩效管理之间是一种互动的关系。一方面,绩效管理是薪酬管理的基础之一,激励薪酬的实施需要对员工的绩效做出准确的评价;另一方面,针对员工的绩效表现及时地给予不同的激励薪酬,也有助于增强激励的效果,确保绩效管理的约束性。影响绩效的主要因素是员工技能、外部环境、内部条件和激励效应等。科学的薪酬管理对绩效提升具有非常重要的作用。

第二节　事业单位薪酬管理的流程

为了实现薪酬管理的基本职能,事业单位薪酬管理必须遵循科学的理论与方法,制定规范的操作流程。薪酬管理处于人力资源管理流程的末端,受到上游各管理环节的影响,同时也对上游各个管理环节有一定影响。根据事业单位薪酬管理的外部竞争性、内部公平性、绩效的公平性与薪酬管理过程公平性的目标,薪酬体系、薪酬水平及薪酬结构等模块是薪酬管理的重点,需要人力资源管理各环节提供技术和信息支撑。

事业单位薪酬管理的流程主要有以下几点:

一、进行职位评价，设计薪酬体系

薪酬体系是指薪酬的构成和分配方式。从总体上看，组织可以从职位、技能、能力三种要素之中选择一种作为薪酬支付的依据，可以将以职位为基础确定基本薪酬的薪酬系统称为职位薪酬体系，将以技能和能力为基础确定基本薪酬的薪酬系统分别称为技能薪酬体系和能力薪酬体系。当前，技能和能力薪酬体系被更多组织重视，但职位薪酬体系仍然具有很强的实用性，在薪酬决策中具有不可替代的作用。当前，采用职位薪酬体系的组织数量远远超过采用技能薪酬体系和能力薪酬体系的组织。许多组织即使采用了技能薪酬体系和能力薪酬体系，仍然依赖职位薪酬体系。

组织要想采用职位薪酬体系，首先要对职位本身的价值做出客观的评价，然后根据这种评价的结果赋予担任这一职位的人与该职位的价值相当的薪酬。

（一）职位评价概述

1.职位评价的内涵

职位评价是依据职位分析的结果，按照一定标准，对职位的性质、强度、责任、复杂性及所需资格条件等关键因素的程度差异，进行综合评价的过程。通俗地讲，职位评价就是通过一个系统化的程序决定一个职位在组织里的重要性，并以此为依据决定这个职位的薪酬水平的过程。相关人员可借助职位评价，比较组织中各个职位的相对价值，确定职位等级，建立科学、公平、公正的职位管理机制。

2.职位评价的作用

职位评价是薪酬体系设计的关键环节，对实现薪酬制度的外部公平、内部公平和自我公平具有重要作用。

职位评价的作用主要体现在以下几个方面：

第一,职位评价对职位进行科学定量测评,使性质相同或相近的职位具备价值的可比性。

第二,职位评价可以为组织中的职位归级列等奠定基础,为建立公平合理的等级薪酬提供科学依据。

第三,职位评价可以对职位进行深层次分析,是解决组织多方面难题的重要举措。

3.职位评价与职位分析的关系

在人力资源管理中,职位评价与职位分析关系密切,都是组织进行薪酬设计的重要环节。职位分析的目的在于了解有关职位的信息和情况,其结果主要表现为职位描述,职位分析结果的一项重要用途就是职位评价。

从总体上讲,职位分析是职位评价的起点,职位分析所得到的信息是职位评价的重要基础;而职位评价则是职位分析的重要目的和服务对象,是职位分析成果运用的主要领域之一。在设计薪酬体系的过程中,职位信息的搜集是基础,职位分析是中介,职位评价是核心。

4.职位评价的特点与原则

职位评价的核心是"事"而非"人"。职位评价虽然也涉及员工,但它是以职位为对象,以职位所担负的工作任务或者职责为对象进行的客观比较和定位,与任职者的态度、能力等主观因素关系不大。另外,职位评价所衡量的是组织中各类职位的相对价值,而不是绝对价值,是对各职位重要性、复杂性等因素相对关系的划定。

为确保职位评价的准确性和公正性,职位评价必须遵守以下几个原则:

第一,客观性原则,评价过程中不能有影响评价结果的个人主观因素。

第二,一致性原则,不同评价者给出的评价结果要具有一致性。

第三,准确性原则,评价过程要基于准确的信息和正确的计算方式。

第四,代表性原则,评价者、评价职位和评价要素都要有代表性。

（二）职位评价的方法

职位评价的方法有定性与定量两种类型。定性的方法仅仅从总体上来确定不同职位之间的相对价值顺序，如排序法和分类法；定量的方法则试图通过等级、尺度来确定一种职位的价值比另一种职位的价值高多少或低多少，如要素比较法和要素计点法。

排序法和要素比较法都是将职位与职位加以比较，区别在于排序法是通过将职位和职位进行整体比较来得到职位的重要性或价值顺序的；而要素比较法则是将职位分解成若干要素，然后将这些职位在某一种要素上的价值逐一进行比较，最终得到职位整体的等级顺序。分类法和要素计点法都是将职位与一个事先确定的尺度加以比较，区别在于分类法是直接为职位划分出一系列等级，并给每一个等级赋予一段描述性的定义，然后将职位与这些等级定义加以比较，从而把职位放入与定义相符的等级之中；而要素计点法则是将职位中包含的报酬要素划分等级并加以定义，然后将职位的每一个要素与要素等级的定义加以比较，确定职位的每一个报酬要素应该归属的要素等级，最终获得职位整体的价值排序。

1.排序法

（1）排序法的界定

排序法是一种最简单的职位评价方法，由评价人员凭着自己的主观判断，从总体上根据职位的相对价值进行高低次序的排列。使用排序法的时候，职位等级不宜过多，且上下级职位之间应该容易进行比较，凭直觉就可以进行判断。另外，评价人员要吸收更多的基础员工参加到评价专家组中来。

（2）排序法的分类

排序法可分为直接排序法、交替排序法及配对比较排序法。

直接排序法是指简单地根据职位的总体判断，按照价值大小对职位进行总体上的排序。

交替排序法是指首先从待评价职位中找出价值最高和最低的两个职位，然后再从剩余的职位中找出价值最高和最低的职位，如此循环，直到排好所有职位的顺序为止。

配对比较排序法也称比较排序法，通过建立一个职位比较矩阵，将所有要评价的职位进行两两比较，记录评价结果（如价值较高者得1分，价值较低者扣1分，价值相同双方得0分），然后根据特定职位与其余职位的比较结果，对职位进行排序。

（3）排序法的操作流程

步骤一：获取职位信息。职位评价人员应通过职位分析充分了解职位的具体职责、任职者的任职资格等。规范的职位描述和职位规范对职位排序来说是非常有益的。鉴于排序法是根据职位的总体情况而非系列要素来进行排序的，若没有具体明确的职位说明书，就应要求参加评价的人对职位很熟悉。

步骤二：选择报酬要素并对职位进行分类。排序总要有一定的依据，需要选定某一要素或多个要素的组合，确保评价的一致性。另外，由于职位类别很多，不同门类的职位，如生产类职位、行政后勤类职位、职能管理类职位、技术研发类职位等，可以先分组，然后确定组内的评比要素。

步骤三：对职位进行排序。常见的排序方法是给每个职位建立一张索引卡片，每张卡片都对职位进行简短的说明，然后把这些卡片按其代表的职位价值从低到高进行排序。

步骤四：综合排序结果。在对职位排序时，为避免个人的主观偏见和误差，通常会采取评价委员会的形式来对职位进行排序。因此，在每个评价者的排序结果出来之后，还要对每个评价者的评价结果取一个平均值，从而完成对职位的最终评价。

（4）排序法的优缺点

排序法的优点是简单易行、省时省力，容易与员工进行沟通，适用于规模较小、职位数量少、新设职位多、评价者对职位比较了解的情况。

排序法的主要缺点在于其主观性，评价者容易受到主观因素的影响，多依据自己的主观标准对职位进行排序；排序的最终结果仅是一个次序，无法确定相邻职位之间的价值差距有多大；等等。

如果职位过多的话，运用排序法进行排序的难度会很大，如若采用配对比较排序法，假定有 n 个职位需要排序，就需要作出 n（n-1）/2 次评比。

2.分类法

（1）分类法的界定

分类法，也称归类法或等级描述法。在运用此方法进行职位评价时，评价者会先将各种职位放入事先确定好的不同职位等级中，类似于书架的整理过程（总体职位分类）；然后对不同等级中的职位用一个标签（职位等级描述）来加以清晰界定；最后把各种职位按照相应的定义放入不同的横排中。分类法在事业单位中有着广泛的运用，尤其常用于技术类职位的评价。

（2）分类法的操作流程

步骤一：确定合适的职位等级数量。通常，组织中的职位类型越多，职位之间的差异越大，所需要的职位等级就越多。但是，组织对职位体系的设计思路也会影响职位等级数量。这一步骤实际上确定了职位价值的层级结构。

步骤二：界定并描述每一个职位等级。分类法的关键是建立一个职位级别体系，包括步骤一中确定的等级数量和本步骤中对各等级的界定和描述。

步骤三：根据职位等级定义对职位进行等级分类。在这一步骤中，评价者要将每一个职位的完整的职位说明书或者工作描述与相关职位等级定义进行对比，然后将这些职位分配到一个与该职位的总体情况最为贴切的职位等级中去。以此类推，直至所有的职位都被分配到相应的等级中去。

（3）分类法的优缺点

分类法是一种简便、易理解和操作的职位评价方法，对评价者的培训要求少。一旦职位的等级定义明确，管理起来就比较容易。分类法适用于对职位性质大致相似、可以进行明确分组并且工作内容不常改动的职位进行评价。

分类法的缺点在于等级结构的建立较为复杂。一方面，职位等级描述留下的自由发挥空间太大,很容易出现范围过宽或者范围过窄的情形,一些职位只能勉强归类。另一方面,等级间的差距不明显,以此确定薪酬可能存在一些问题。

3.要素计点法

(1)要素计点法的界定

要素计点法又称要素评分法,也称计点法,是一种比较复杂的量化职位评价方法,目前应用较为普遍。职位评价机构在组建后,首先要确定影响所有职位的共通的主要影响要素,对每个要素的不同水平进行界定;同时给各个水平赋予一定的分值或点数,以建立职位评价标准。然后,评价者要在此基础上对职位的每一个报酬要素上的等级进行确定,最终得到该职位的总点数。最后,根据每一职位的总点数大小对职位进行排序,或者将职位评价点数转化为货币数量,由此决定职位的薪酬水平。

(2)要素计点法的操作流程

要素计点法通常包括三大要素:一是报酬要素指标;二是报酬要素权重;三是报酬要素的数量化衡量尺度。

步骤一:选取合适的报酬要素。

报酬要素是组织认定的对不同职位都有价值的共有特征,是组织愿意为之支付报酬的一些具有可衡量性质的质量、特征、要求或结构性因素。报酬要素的选择必须慎重,因为报酬要素具有强化组织的重要作用,能够清晰地向职工传递组织的价值观等重要信息。报酬要素的使用体现了要素计点法的标准化,是一种对排序法和分类法的重大改进。

报酬要素的选择有几种方法,如可以从已有的职位评价方案中选取,也可以从职位说明书中提取某些对组织特别重要的相关因素;另外,也可以向员工进行报酬要素的问卷调查,了解员工心目中形成薪酬差异的关键因素。

报酬要素的选择要遵循一定的标准:①应当与总体职位价值具有某种逻辑上的关系;②能够得到清晰界定和衡量;③必须在不同职位中具有共通性;

④必须涵盖组织愿意为之支付报酬的与组织要求有关的所有主要内容；⑤报酬要素必须是与被评职位有关的且不能出现交叉和重叠；⑥报酬要素的数量应当合理，以便于管理。

在实际操作中，最常见的四维报酬要素主要是责任、技能、努力以及工作条件。责任表达的是组织对职工按照预期要求完成工作的依赖程度，强调职位上的人所承担的职责的重要性。技能是指完成某种职位的工作应具备的经验、能力以及教育水平等。努力是指为完成某种职位上的工作应付出的体力或者脑力劳动程度。工作条件是指职位上的人从事工作的伤害性以及工作的物理环境等。

步骤二：确定报酬各要素的等级。

在选定了报酬要素之后，评价者还需要确定各要素的等级，并对各种不同等级水平进行界定。每一种报酬要素的等级数量取决于组织内部所有被评价职位的差异。差异程度越大，报酬要素的等级就需要划分得越多。一般来说，差异不大的要素划分3个等级就行了，而差异较多的可能需要划分5个甚至更多的等级才能反映出职位间的差异。

步骤三：确定不同报酬要素的权重。

评价者一般会以职位的相对重要性为基础，重要的要素赋予较大的权重，各评价要素的权重之和为100%。要素的权重对最终的评价结果会产生很大的影响，反映了一个组织对职位重要性的看法，是评价者对组织战略、文化和价值观与技术、行业和市场等因素进行综合考虑的结果。

确定权重的方法通常包括经验法和统计法。经验法实际上是运用经验或共识来决策，由评价小组通过讨论共同决定要素的权重。统计法是运用统计计算来决策的方法，首先要选择基准职位，即那些可以作为统一标准的职位；然后对每一种基准职位确定一个总价值的计算公式，运用回归分析等方法计算公式中各要素的贡献。

步骤四：确定报酬要素各等级的点值。

由于权重本身的数字不够大，评价者在评价时还需要将总分数进一步放大，然后同步放大每个权重对应的数字，直到足以体现不同职位之间的价值差异，如将100%换算为1 000分。在确定了不同要素的分值之后，要进一步确定每一种报酬要素在内部不同等级上的分值。确定等级的分值有两种方法：一种是算术法；另一种是几何法。其中，用几何法算出的等级得分跨度更大，是同比关系，公平性也更强。例如，某要素放大后的权重分是100分，分为5个等级，那么用算术法得到的五级得分分别是20、40、60、80、100，而用几何法算出的五级分数分别是35、45、59、77、100。

步骤五：分析和评价每一个职位。

在评价时，评价者需要考虑被评价职位在各报酬要素上处于哪一等级，确定被评价职位在各报酬要素上的分数，汇总所有报酬要素上的分数，得到特定职位的总分数。然后，将所有职位进行排序，建立等级结构。

（3）要素计点法的优缺点

要素计点法的优点包括：量化的评价更为精确，评价结果更有说服力；向职工传递了组织的需求和战略；通过点数的大小可以比较不同的职位。

要素计点法的主要缺点包括：成本高，方案的设计和应用费时；要求组织首先进行详细的职位分析，有时还可能会用到结构化的职位调查问卷；在要素界定、等级定义以及点数权重确定等方面都存在一定的主观性。

4.要素比较法

（1）要素比较法的界定

要素比较法是一种量化的职位评价方法，是根据不同的报酬要素对评价职位进行多次排序，并将报酬合理分解的方法。要素比较法与排序法的区别在于普通排序法是按照职位整体进行的，而要素比较法是按照报酬因素进行多次排序的，并在多次排序之后，把每个职位在各个报酬要素上的得分通过加权得出一个总分，然后得到一个总体职位序列分。

（2）要素比较法的操作流程

步骤一：获得职位信息，确定报酬要素。评价者要仔细、全面地做好职位分析，同时确定用来进行职位比较的依据和尺度，即报酬要素。

步骤二：选择典型职位。按照全部职位的10%～15%的比例，选出在组织中具有广泛代表性、现行工资比较合理、被大多数人认可的典型职位。

步骤三：对典型职位进行排序。对典型职位按照选定的报酬要素进行排序。

步骤四：将薪酬水平分配到报酬要素上去。评价小组各成员判断不同的报酬要素对职位的贡献是多少，然后根据该职位的薪酬水平确定各报酬要素的价值。

步骤五：对典型职位进行多次排序。在确定了所有典型职位的每一种报酬要素的价值后，评价者将所有的职位排列在一起，然后根据每一种报酬要素分别对职位进行多次排序。

步骤六：建立典型职位报酬要素等级基准表。评价者在将所有典型职位的薪酬水平以及每一典型职位内部的各报酬要素的薪酬水平都确定下来后，建立一张典型职位薪酬要素等级基准表；然后，根据基准表确定其他职位的薪酬水平。

（3）要素比较法的优缺点

要素比较法的突出优点就是可靠性高，可以根据在各个报酬要素上得到的评价结果算出一个具体的报酬金额，更加精确地反映不同职位之间的相对价值关系；可以用于职位类别繁多的大型组织，能够更好地被员工理解和接受。

要素比较法的缺点在于评价过程非常复杂，对报酬要素的数量有一定的要求；此外，由于市场上的薪酬水平经常发生变化，因此要及时调整典型职位的工资水平，避免结果的准确性与公平性受到质疑。

二、通过薪酬调查确定薪酬水平

薪酬水平是指组织中各职位、各部门以及整个组织的薪酬平均水平，以及相对于其他组织的薪酬高低水平。组织所支付的薪酬水平会影响其在人力资源市场上获取人才的能力，会影响薪酬的外部竞争性。

现代组织的薪酬设计追求薪酬的内部一致性、外部竞争性、绩效报酬的公平性以及薪酬管理过程的公平性等。职位评价的结果体现为内部一致性，而内部的一致性往往与外部竞争性有矛盾。当遇到这种外部竞争性与内部公平性的矛盾时，传统的做法更多地考虑薪酬的内部一致性，而现在组织更多地考虑薪酬的外部竞争性而不是内部一致性。

薪酬调查是了解市场通行薪酬水平的手段，薪酬调查所得到的结果是确定本组织支付给相应职工薪酬的重要依据。这里主要阐述如何通过薪酬调查确定组织的薪酬水平。

（一）薪酬调查概述

1.薪酬调查的内涵

薪酬调查就是通过一系列标准、规范和方法，对市场上各职位进行分类、汇总和统计分析，采集各类人员的工资福利待遇以及支付状况等信息，形成能够客观反映市场薪酬现状的调查报告的过程。薪酬调查是薪酬设计的重要组成部分，重点解决薪酬的外部竞争性与内部公平性问题。真实的薪酬信息是非常宝贵的，也是非常难以获得的，因为薪酬具有保密性、即时性。薪酬调查报告能够帮助组织了解其他组织的劳动成本，达到以合理的人力成本吸引所需人才的目的。薪酬调查还能够帮助组织查找内部薪酬不合理的职位，帮助组织制定合理的新入职工作人员薪酬标准等。

2.薪酬调查的分类

薪酬调查可以分为正式薪酬调查和非正式薪酬调查。其中，正式薪酬调查又可以分为商业性薪酬调查、专业性薪酬调查、政府薪酬调查和组织自己进行的薪酬调查。

商业性薪酬调查一般是由专业咨询公司完成，如根据客户需求对某一行业进行调查，或咨询公司为获利而主动进行的调查。专业性薪酬调查是由专业或行业协会针对薪酬状况所进行的调查。政府薪酬调查的主体为行业相关的主管部门，进行的薪酬调查往往是以为社会提供无偿信息、进行宏观指导为目的的。政府薪酬调查的优点是可信度和准确性高、提供的调查信息丰富；缺点是信息的及时性和有效性不足，缺乏对某个特定职位的调查。组织自己进行的薪酬调查针对性更强，调查的主体一般是组织的人力资源管理部门。

3.薪酬调查的定位

在人力资源管理体系中，薪酬调查、职位分析与职位评价、绩效考核等有助于解决薪酬的客观公平、内部公平和个人公平问题。

（二）薪酬调查的操作流程

组织如果能够利用已经存在的相关数据进行薪酬调查，可以减少花费的时间和精力，降低调查成本。需要注意的是，要使用那些与自身薪酬决策匹配良好，并且代表性和准确性可靠的数据。如果现有薪酬数据无法筛选利用，或无法从市场上获得薪酬调查结果，组织需要亲自做市场薪酬调查。一般情况下，薪酬调查的实施过程分为三个阶段：准备阶段、实施阶段、结果分析阶段。

1.准备阶段

准备阶段是指在具体设计薪酬调查问卷并实施调查之前的阶段。准备阶段需要完成的工作如下：

（1）确定薪酬调查的主体

实施调查的主体可以是组织内部的薪酬主管人员，也可以和第三方配合完成，或交由第三方独立完成。组织自行调查可以节省成本，调查结果可能更符合组织的要求，但是对薪酬调查人员具有较高的要求，调查数据的质量可能存疑。委托第三方调查的成本往往较高，但是调查数据的质量较好，原因如下：中立的第三方容易说服调查对象合作与参与；第三方的调查人员充足，经验丰富，具备专业的数据分析能力。

（2）界定相关人力资源市场

相关人力资源市场主要包括同行业中同类型的其他组织、同行业中有相似职位或工作的组织、与本组织雇用同一类劳动力的竞争对象、本地区在同一人力资源市场选聘的组织、与本组织在薪酬等方面类似的其他组织。薪酬调查的目的是了解在同一人力资源市场上其他组织的薪酬状况，因此研究本组织所在的人力资源市场的范围有多大，本组织流失的人才去了哪里和本组织主要从哪里招募人才等是很有必要的。在样本的数量选择上，采用领先型薪酬战略的组织一般仅与6~10个支付高薪酬的竞争对手进行比较，采用其他薪酬战略的组织则需要与更多的竞争对手进行比较。

（3）选择调查的典型职位

一般来说，薪酬调查是不可能针对所有职位的，选择典型的职位有利于提高针对性。选择典型职位的原则是便利性，应当选择那些普遍存在的通用职位作为典型职位。在选定调查职位时，必须提供最新的职位描述，详细描述该职位的工作内容、职责范围，以及该职位在组织结构中的位置等信息，保证被调查职位与本组织的职位能够进行匹配。根据职位描述匹配程度可以决定该职位因工作内容、职责范围等的不同而形成的薪酬差异，如组织内此职位有更高（更低）的职位要求或更多（更少）的工作内容，可以根据情况在调查报告上增加（减少）相应薪酬。

（4）明确薪酬调查的内容

薪酬调查的主要内容包括基本资料与核心数据两大部分：基本资料包括组织的性质、规模与经营情况等；核心资料包括参照职位的薪酬信息和薪酬政策等。同样的职位在不同组织中所获得的价值评价是不同的，在不同的组织中获得的报酬方式也是不同的。薪酬调查必须涵盖薪酬的各个部分，否则就难以全面反映市场的真实情况。

2.实施阶段

薪酬调查主要有电话调查、面谈和问卷调查等形式。电话调查通常用于不寻常的、迫在眉睫的薪酬决策的制定；面谈是最好的薪酬调查方式，但需要对访问员进行深入培训；问卷调查是最常用的方式，能够获得大量数据。

问卷调查的具体步骤如下：

（1）问卷设计

调查问卷通常包括组织本身的一些信息，如规模、行业和营业额等，各种薪酬构成方面的信息，职位范围方面的信息，任职者的相关信息等。调查问卷的设计应考虑被调查者使用的方便性，最好能提供一份问卷填写说明；问卷要易读、易懂、易回答。

（2）问卷试测

为了保证问卷调查顺利进行，最好在调查之前进行试测，可以在组织内部进行试填写，发现难以理解、表达有误、选择范围偏差等问题，要及时改进、完善。

（3）实施调查

在实施调查的过程中，调查者还需要与被调查者保持联系，在问卷中留下联系方式以接受被调查者的咨询和反馈。

3.结果分析阶段

（1）数据核查

在问卷收回之后，调查者要对每一份调查问卷的内容进行分析，判断是否存在可疑之处。这是因为被调查者可能未充分了解调查的意图，或者填写的时候受到其他因素的干扰。在数据核查的过程中，可以通过再次确认的方式了解情况，对无法确认的畸高或畸低数据以及无效数据予以剔除。

（2）描述分析

调查者应对获得的职位数据进行频度、集中趋势、离散趋势等的分析。常见的分析有：①频度分析，将得到的与每一个职位相对应的所有薪酬调查数据从低到高排列，然后看落入每一个薪酬范围之内的组织数据；②集中趋势分析，如特定职位的简单平均数、加权平均数和中值分析等；③离散趋势分析，如标准差、百分位和四分位数分析等。

（3）建立薪酬曲线

调查者可采用回归分析的方法建立职位的市场薪酬水平和评价点数或薪酬等级之间的关系曲线。

三、设计薪酬结构

薪酬结构是对同一组织内部的不同职位之间的薪酬所作的安排，它强调的是职位等级、不同等级之间的薪酬差距以及用来确定这种差距的标准。薪酬结构要体现同一组织薪酬的内部一致性，但它不是一个脱离外部竞争性而独立决策的过程。事实上，薪酬结构决策是在内部一致性和外部竞争性这两种薪酬有效性标准之间进行平衡的结果。

一个完整的薪酬结构有以下内容：①薪酬的等级数量；②同一薪酬等级内部的薪酬变化范围（最高值、中值和最低值）；③相邻两个薪酬等级之间的交叉与重叠关系。

设计薪酬结构时，要注意薪酬等级的确定、薪酬变动范围的确定以及薪酬等级之间交叉重叠程度的设计等。

（一）薪酬等级的确定

为了建立薪酬等级，首先需要将职位划分成不同的等级，划分的依据是职位评价的结果。每一个等级的职位，其职位评价的结果应该接近或类似，如果使用的是排序法，就应当包括几个临近等级的职位；如果使用的是要素计点法，就应当包括一定点值范围内的职位；如果使用的是要素比较法，就应当包括一定薪酬范围内的职位。

（二）薪酬变动范围的确定

在职位等级确定之后，还要确定各个等级的薪酬变动范围，即薪酬区间。薪酬变动范围说明的是在同一薪酬等级内部，最低薪酬和最高薪酬之间的距离，以及中值的位置。薪酬中值的重要性在于，中值是通过外部市场薪酬调查数据和内部职位评价数据以回归分析的方式确定下来的，薪酬的最高值和最低值都是依据中值而定的。

薪酬变动比率通常是指同一薪酬等级内部薪酬的最高值和最低值之差与最低值之间的比率。有时候为了使用的方便，也会计算以中值为基础的薪酬变动比率。

薪酬变动比率在不同等级之间可以是相同的，也可以是不同的，组织应当根据自身的实际情况来确定。一般来说，组织考虑的因素包括薪酬支付能力、各等级之间的价值差异、各等级自身的价值以及各等级的重叠比例等。

（三）薪酬等级之间交叉重叠程度的设计

从理论上来说，在同一组织中，相邻薪酬等级之间的薪酬区间可以设计成有交叉重叠的，也可以设计成无交叉重叠的。但无交叉重叠的设计容易造成两个等级之间的薪酬水平差异过大，因此大多数组织倾向于将薪酬结构设计成有交叉重叠的。

组织在考虑薪酬等级之间是否交叉重叠时，应考虑期望的员工分布、行业性质、薪资成本的承受能力等。如果组织期望的高级人员越多，重叠程度往往就越小。创新型组织薪酬等级之间重叠程度大，传统组织薪酬等级之间重叠程度小。组织在薪酬承受能力范围内，应适当增加重叠度，以扁平化薪酬水平。

组织在确定薪酬等级、薪酬变化范围以及完成薪酬等级之间交叉重叠程度的设计之后，即可得到薪酬结构。

四、完善薪酬制度

事业单位是国家机关或其他组织机构为实现社会公益,利用国有资产创办的,从事各项服务活动的社会组织。事业单位薪酬制度是指我国事业单位的工作人员依法履行职责、完成本职工作后,事业单位按法律规定向其支付劳动报酬的制度。

(一)我国事业单位薪酬制度的基本特点和具体原则

1.我国事业单位薪酬制度的基本特点

(1)不同类型的事业单位薪酬制度各具特色

我国事业单位按社会功能划分为三类:一是依据现有法律承担行政职能的事业单位,如公路运输管理事业单位;二是从事生产经营活动具有服务性的事业单位,如文艺演出单位;三是为社会提供公益性服务的公益性质的事业单位,如义务教育学校。不同类型的事业单位可以根据人员结构的差异,建立不同的薪酬制度。

(2)事业单位工作人员的薪酬来源存在差异

事业单位的收入来源包括财政补助、上级补助(非财政)、事业收入、经营收入和其他。事业单位工作人员的薪酬,根据薪酬的经费来源可分为固定薪酬和活动薪酬。不同事业单位,固定薪酬和活动薪酬所占比重往往存在一定差异。

2.我国事业单位薪酬制度的具体原则

(1)效率优先、兼顾公平原则

事业单位薪酬制度要能够通过绩效考评,适度拉开人员的收入差距,充分调动人员的工作积极性和创造性;同时,在提高工作绩效的前提下,避免不合理的收入分配,体现社会公平。

(2) 尊重知识、尊重人才原则

事业单位通过提供社会服务，满足科学、教育、文化和卫生等事业发展需要。在薪酬分配的过程中，应该尊重工作人员的劳动付出，使其得到应有的精神鼓励和物质补偿。

(3) 区别对待、分类设计原则

不同类型的事业单位为实现各自的社会功能，会采取特有的组织、管理和薪酬分配方式。因此，对承担行政职能、从事生产经营活动和提供公益性服务的事业单位应予以区别并分类设计薪酬制度。

(4) 市场导向、动态运行原则

事业单位薪酬制度直接关系到所属人员的实际收入，要根据经济发展情况，以市场变化为导向进行动态调节，从而实现合理分配。

(二) 完善事业单位薪酬制度的措施

完善事业单位的薪酬制度既要切实考虑不同类型事业单位的工作内容、环境条件等，又要充分调动个体积极、主动的探索精神。

完善事业单位薪酬制度的措施主要有以下几点：

第一，进行广泛的市场调查，确定以市场价格为基础的薪酬结构。

第二，切实落实事业单位分类管理、聘用制等相关制度的配套改革工作。

第三，科学合理地量化工作指标和绩效考核标准，切实贯彻执行科学的考核制度，把规范考核与薪酬分配紧密结合起来。

第四，不断理顺薪酬体系，逐步建立多元化的分配机制：①按劳分配与按生产要素分配相结合，坚持多劳多得；②打破行业和单位内部的单一工资制，对各种要素在工作和生产过程中的贡献及作用进行科学评价，确定其参与分配的权重；③建立适应不同事业单位特点的多层次、多形式、多元化的分配机制。

第五，逐步规范津贴、补贴，引入竞争、激励机制，加大薪酬中可变部分的比例,将工作人员的报酬与其实际贡献结合起来。

第三节 事业单位人力资源激励管理

一、激励概述和激励理论

(一)激励概述

1.激励的含义

激励是指激发人的行为动机的心理过程,其实质是通过各种客观因素的刺激来激发和加强人的行为内驱力,使人始终处于兴奋状态。激励用于管理,就是用各种有效的方法去调动员工的积极性和创造性,使员工努力完成工作任务,从而实现组织的目标。

科学研究和管理实践表明:人的行为受人的动机影响,而人的动机又产生于人的需要。需要是人的一种必不可少的主观心理状态,是生活与实践中各种相关事物在人头脑中的具体反映。动机是对需要的满足程度,是由需要引发的内在动力。而行为是人在动机支配下的外在表现,如果说行为的产生是靠内在动机的驱动,那么行为的保持就需要不断强化内在动机。没有不断强化,人很难长时间保持某一行为。

人力资源激励是指通过各种有效的激励手段,激发人的需要、动机、欲望,使其形成某一特定目标,使人在追求这一目标的过程中保持高昂的情绪和持续的积极状态,进而发挥潜力,达到预期的目标。

2.激励的特点

激励是人力资源管理活动的核心内容,是对人的潜在能力进行开发的一种手段。它具有以下一些特点:①激励以人的心理为出发点,而人的心理又是看不见、摸不着的,只能通过在激励作用下的行为表现来加以观察,只凭直观感觉是不行的。②在受到激励的情况下,人会产生动机与行为,这些动机与行为的程度并不是固定不变的,它们受多种主客观因素的影响,在不同的时间、不同的环境里,其表现必然不同。③激励的对象是有差异的,正如地球上没有两片完全相同的叶子一样,世界上也不存在两个完全相同的人。不同人的需要也是不同的,而且是多方面的。这种复杂性就决定了不同的人对激励的心理承受力是有差异的,这就要求对不同的人需要用不同的激励手段。④激励的前提是工作人员的潜在能力,激励的目的是使他们的潜在能力得到最大限度的发挥。然而人的能力是有限的,而且还受生理因素的制约,所以激励不能超过人的生理和能力的限度,否则这种激励就不会起作用,即激励应该适度。

3.激励的功能

(1)有利于调动工作人员的积极性

激励直接作用于个人,有助于调动工作人员的积极性,使其潜在能力得到最大限度的发挥。美国著名心理学家威廉·詹姆斯(William James)在对员工的激励研究中发现,在缺乏激励的一般岗位上,员工仅能发挥其实际工作能力的20%~30%,因为这样就足以使自己保住饭碗;但受到充分激励的员工,其潜力可以发挥到80%~90%。也就是说,一个人平常表现的工作能力水平与通过激励能达到(发挥)的工作能力水平存在着大约60%的差距。由此可见,激励有利于调动工作人员的积极性。

(2)有助于增强组织的凝聚力和社会影响

激励不仅直接作用于个人,还间接影响其他的人和周围的环境,有助于增强组织的凝聚力和社会影响。激励的作用不仅局限于个人,对一个集体乃至整个社会都有一定影响。

(3) 有利于工作人员素质的提高

提高工作人员的素质，不仅可以通过培训来进行，对人员进行激励也是一种不错的办法。例如，组织可对坚持不懈努力学习科学文化知识的工作人员给予大力表彰，对安于现状、不思进取的工作人员给予适当的批评，这样有助于形成良好的学习风气，帮助工作人员提升知识素养；根据一定的客观标准，对忠于职守、业务熟练、工作中有突出成绩的工作人员给予奖励，对不钻研业务知识，工作中有失职行为的工作人员给予惩罚，形成一种竞争的气氛，使工作人员的业务素质得到提高。总而言之，人员激励与工作人员素质的变化有着非常密切的关系。人员激励搞得好，将有助于工作人员素质的提高；搞得不好，就会导致工作人员素质的下降。人员激励不仅仅关系到个人的素质，还关系到组织全体成员的素质，所以必须予以重视。

4.激励的类型

根据不同的划分标准，激励可以划分为不同的类型。

以激励的内容为标准，激励可分为物质激励和精神激励。物质激励就是从满足人的物质需要出发，对物质利益关系进行调节，从而激发人的向上动机并控制其行为的趋向。物质激励多以加薪、奖金等形式出现。在目前社会经济条件下，物质激励是一种重要的激励手段，它对强化按劳取酬的分配原则和调动工作人员的工作积极性有很大作用。精神激励就是从满足人的精神需要出发，对人的心理施加必要的影响，从而影响人的行为。精神激励多以表扬、记功等形式出现，精神激励同样是一种重要的激励手段。

以激励的性质为标准，激励可分为正激励和负激励。正激励就是当一个人的行为符合社会或组织的需要时，通过奖赏的方式来鼓励这种行为，以达到使人维持和发扬这种行为的目的。负激励就是当一个人的行为不符合社会或组织的需要时，通过制裁的方式来抑制这种行为，以达到使人减少或消除这种行为的目的。在正激励与负激励之间还存在一种零激励，有人称之为衰减，即撤销对原来某种行为实施的正激励或负激励，使这种行为在一段时期内连续得不到任何强化，从而达到减少或增加这种行为反应频率的目的。这是一种不施以任何激励的激励，所以被称为零激励。

以激励的形式为标准，激励可分为内激励与外激励。内激励是指由内在奖酬引发的，源自工作人员内心的激励。内在奖酬是指工作任务本身的刺激，即人在工作进行过程中所获得的满足感，它与工作任务是同步的。外激励是指由外在奖酬引发的，与工作任务本身无直接关系的激励。外在奖酬是指工作任务完成之后或在工作场所以外所获得的满足感，它与工作任务不是同步的。

（二）激励理论

20世纪30年代以来，西方的管理学家、心理学家和行为学家从不同的角度研究如何激励人的问题，并提出了诸多激励理论，尤其是行为学派的产生和发展更加促进了激励理论的发展。根据不同的标准，学者们把激励理论分为不同的类型。下面主要介绍几种常用的激励理论。

1.需要型激励理论

（1）需要层次理论

需要层次理论是由美国社会心理学家和比较心理学家亚伯拉罕·马斯洛（Abraham H. Maslow）提出来的。他在其著作《人类动机的理论》一书当中，把人的需要归纳为五大类，由低到高依次为：生理需要、安全需要、感情和归宿的需要（亦称归属与爱的需要）、尊重的需要、自然实现的需要。1954年马斯洛修改了这一理论，将人的需要归纳为以下七个层次：

①生理需要。生理需要包括维持生活、繁衍后代所必需的各种物质的需要，如衣食、饮水、住房等，即饥有食、渴有饮、寒有衣、住有室、有配偶、有医疗。这些是人们最基本的，也是最重要的需要。当这些需要得到满足后，人往往才会有新的、更高级的需要产生。

②安全需要。安全需要是指人们寻求保护自己免受生理与心理侵害的需要。例如，要求劳动安全、职业安全，希望免于灾难，希望未来有保障等。

③归属与爱的需要。归属与爱的需要是指个人渴望得到家庭、团体、朋友、同事等的关怀、爱护、理解，是对友情、信任、温暖、爱情等的需要。归属与爱的需要与个人性格、经历、生活区域、民族、生活习惯、信仰等都有关系，这种需要较前两种需要更加细微和难以捉摸。每个人都渴望得到支持和友爱，并有所归属，得到承认，同时又给予别人以友爱。

④尊重的需要。尊重的需要可分为自尊、他尊和权力欲三类，包括自我尊重、自我评价、得到别人尊重，以及与自尊有关的，如自尊心、自信心、独立、知识、成就、能力的需要等。尊重的需要很少能够得到完全满足，只是基本上的满足就可以产生推动力。这种需要一旦成为推动力，则会令人具有持久的干劲。组织可以给成员提供的尊重因素有两类：内部尊重因素，如自尊、自主和成就等；外部尊重因素，如地位、认可和关注等。

⑤求知的需要。求知的需要是指人们追求知识，探索新的领域，以求获得对外部世界的认知的欲望。

⑥求美的需要。求美的需要指的是人们寻求匀称、整齐和美丽的愿望。

⑦自我实现的需要。自我实现的需要是最高等级的需要。满足这种需要要求人完成与自己能力相称的工作，充分地发挥自己的潜在能力，成为所期望的人。一个自我实现的人有以下一些特点：自动；思想集中于问题；超然；自治；不死板；同别人打成一片；具有非恶意的幽默感；有创造性；无偏见；不盲从；同少数特定的人关系亲密；等等。

以上七类需要，人们并不是都能得到满足。一般来讲，等级越低的需要越容易得到满足，等级越高的需要得到满足的概率越小。

一般而言，人们首先追求较低级别需要的满足，如生理需要、安全需要。只有在较低级别的需要得到合理满足后，较高级别的需要才会发展起来并起推动作用。但在特殊情况下，人需要的次序会因为具体情况而有所改变。

马斯洛的需要层次理论提出后，受到了人们极大的关注，并引发了许多争论。尽管这一理论不是尽善尽美的，但它使人们普遍注意到人的需要这个重大问题,并在下面的问题上达成共识,即已满足的需要不再起促进作用。人的需要会随着一般经济情况的变化而改变。

(2) ERG 理论

人的基本需要有三种,即生存(existence)、关系(relatedness)、发展(growth)。

生存是指人在饮食、住房、衣服等方面的基本需要。这种需要一般需要通过金钱来满足。在大多数情况下,只有这些基本的需要得到满足以后,人才会谈到其他需要。这一类需要基本与马斯洛需要层次中的生理需要和安全需要相对应。

关系是指与其他人(同级、上级或下级)和睦相处建立友谊和有所归属的需要。这一类需要类似马斯洛需要层次中部分安全需要、全部归属与爱的需要以及部分尊重的需要。

发展是指一种要求得到提高和发展的内在欲望,表现在人不仅有充分发挥个人潜能、有所作为和成就的需要,而且还有开发新能力的需要。这一类需要可与马斯洛需要层次中部分尊重需要及整个自我实现需要相对应。

各个层次的需要得到的满足越少,则这种需要越为人们所渴望;如果较高层次的需要一再遭受挫折、得不到满足,人们就会重新追求较低层次需要的满足。例如,一个人若发展需要长期受挫,则其可能会重新追求归属与爱的需要、生存需要。在此,ERG 理论不仅提出了需要层次的"满足—上升"趋势,而且也指出了"挫折—回归"的趋势。这一原理符合现实中人们行为的特点,在管理实践中得到证实。因此,领导不仅应时刻注意了解并设法满足组织成员的需要,而且还要引导员工追求高层次的需要。

(3) 成就需要理论

成就需要理论是美国社会心理学家戴维·麦克利兰(David C. McClelland)提出的一种激励理论。他在《促使取得成就的事物》一书中指出,世界上的人大致可分为两类:少数人愿意接受挑战、艰苦工作,以便有所成就;而大多数人则对取得成就的愿望不是那样强烈。他还用一个简单的试验来说明这一点：要一个人去完成某项工作，并告诉他可以选择一个工作伙伴，或者选择一个亲密的朋友，或者选一个他所不熟悉的该项业务的专家。结果发现，那些"成就需要高"的人往往选他所不熟悉的专家，而"情谊需要高"的人往往选自己亲密的朋友。由此可见，人们对成就的需要的确有高低之分。

麦克利兰指出，人的基本需要有：成就需要、权力需要、情谊需要。其中成就需要的高低对一个人、一个企业、一个国家的发展起着特别重要的作用。成就需要高的人一般都很关心事业的成败，喜欢接受有挑战性的工作；能够制定明确的目标，愿意承担责任；学习努力，不怕疲劳；可以约束自己，不受别人的批评和社会压力的影响；善于利用时机，而且对与成就有关的字眼很敏感。他们一般具有以下三点品质：第一，他们希望有能够独立解决问题的工作环境，以便发挥自己的能力。在这种环境中，不必再提供其他激励，他们也能积极地工作，所以组织应该给这些人分派富有挑战性的工作，并给予其一定自主权。第二，他们在从事某项有挑战性的工作前，往往经过一番盘算，然后确定一个在他们看来不太难、经过努力能够达到的目标。第三，他们往往需要有明确的、不间断的关于他们工作成就的反馈，使他们知道自己的工作成就已得到组织和别人的承认，这样才能促使他们继续努力，不断取得新的成就。因此要注意强化组织成员的成就动机，培养更多有高成就需要的人，以提高组织的绩效。

（4）双因素理论

双因素理论亦称激励-保健理论，是美国行为科学家弗雷德里克·赫茨伯格（Frederick Herzberg）提出的理论。他在美国匹兹堡地区对200名工程师和会计人员进行了访问调查，他发现，使员工感到满意的都是属于工作本身或工作内容方面的；使员工感到不满的，都是属于工作环境或工作关系方面的。他把前者叫作激励因素，把后者叫作保健因素或维持因素。所谓保健因素，是指满足这些因素对员工产生的效果类似于卫生保健对身体健康所起的作用。卫生保健不能直接提高健康水平，但有预防疾病的效果；同样，保健因素不能直接起激励员工的作用，但能防止员工产生不满情绪。当保健因素改善后，员工的不满情绪会消除，但只是处于一种既非满意，又非不满的中性状态。只有激励因素才能产生使员工满意的积极效果。

属于激励因素的有：工作上的成就感、受到重视、提升、个人发展的可能性、责任等。

属于保健因素的有：组织的政策与行政管理、监督、与上级的关系、与同事的关系、与下级的关系、工资、工作安全、个人生活、工作条件、地位等。

赫茨伯格的双因素理论的主要观点有：①满意的对应面是没有满意（而不是不满意），不满意的对应面是没有不满意（而不是满意）。②不是所有的需要得到满足都能激励人们的积极性，只有那些被称为激励因素的需要得到满足，人们的积极性才能有较大提高。③不具备保健因素将引起许多不满，但具备并不一定会调动人强烈的积极性；具备激励因素会引起人强烈的积极性和满足，但缺乏并不会引起人很大的不满。④激励因素是以工作为核心的。

赫茨伯格的双因素理论尽管有一些不足，但仍然广为流传，并对管理实践中激励的实施产生了实质性的影响。

2. 过程型以及行为改造型的激励理论

（1）期望理论

期望理论是美国心理学家维克托·弗鲁姆（Victor H. Vroom）在 1964 年出版的《工作与激励》一书中提出的。他认为，人总是渴求满足一定的需要和实现一定的目标，这个目标反过来对激发人的动机有相当大的影响，而这种激发力的大小则取决于目标价值（效价）和期望概率（期望值）这两个因素的乘积，即激励力（M）＝效价（V）×期望概率（E）。式中，M 指受到激励的强度；V 指人们对所预期的目标的重视程度或评价高低；E 指达到目标的可能性。

这个公式告诉人们，决定激励作用大小的因素，包括期望和效价这两个紧密相连的方面，也就是说只有当人们认为实现预期目标具有可能性，并且实现这个目标对自己来说有重要意义的时候，他们受激励的程度或动机水平才会很高。

实施这种激励的基本要求如下：

第一，激励者要善于与被激励者达成一个切实可行的工作目标，使被激励者感受到这种工作适合自己，并且通过努力可以达到这个目标。

第二，要及时传达工作绩效与奖励报酬之间紧密联系的信息，给被激励者展示出较高的期望值。

第三，区别不同员工的不同需要，采取多种奖励方式，使被激励者普遍感受到只要努力工作就可以获得好的工作绩效、实现预定目标，同时得到相应的奖励满足自己的需求。

（2）公平理论

公平理论是美国心理学家约翰·斯塔西·亚当斯（John Stacy Adams）首先提出的，也称为社会比较理论。这种激励理论主要讨论报酬的公平性对人们工作积极性的影响。人们一般通过两个方面的比较来判断其所获报酬的公平性，即横向比较和纵向比较。

所谓横向比较，就是将"自己"与"别人"比较来判断自己所获报酬的公平性，并据此做出反应，我们以下列公式来说明：

若 $Q_p/I_p = Q_x/I_x$（Q_p 表示自己所获报酬的感觉，Q_x 表示自己对别人所获报酬的感觉；I_p 表示自己对所投入量的感觉，I_x 表示自己对别人所投入量的感觉），则此人觉得报酬是公平的，他可能会因此而保持工作的积极性和努力程度。若 $Q_p/I_p < Q_x/I_x$，他会感到不公平。

除了自己与别人的横向比较，还存在着自己目前的和过去的比较，即纵向比较。若 $Q_{pp}/I_{pp} = Q_{pl}/I_{pl}$（$Q_{pp}$ 代表自己目前所获报酬，Q_{pl} 代表自己过去所获报酬；I_{pp} 代表自己目前的投入量，I_{pl} 代表自己过去的投入量），则此人认为激励措施基本公平，积极性和努力程度可能会保持不变。若 $Q_{pp}/I_{pp} < Q_{pl}/I_{pl}$，他会觉得很不公平，积极性会下降。

亚当斯的公平理论得到了人们的普遍认可。从公平的意义上去实施激励，要求激励者注意把握三个重要原则：一是要运用公平理论，经常审视、分析员工之间和员工与其他组织同类人员之间的付出与报酬之间的比例关系是否相当，即要有公平意识；二是坚持公平的尺度，把握公平标准，将定性分析与定量分析相结合；三是为维持公平，对在激励时有不公平感者，要注意把握好"刺激量"，否则会起到相反的作用。

（3）强化理论

强化理论是美国心理学家伯尔赫斯·弗雷德里克·斯金纳（Burrhus Frederic Skinner）提出的。强化理论特别重视环境对行为的影响作用，认为人的行为只是对外部环境刺激所做出的反应，是受外部环境刺激所调节和控制的，改变刺激就能改变行为。在他的理论体系中，强化贯穿其中，他认为行为之所以发生变化就是因为强化的作用，对强化的控制就是对行为的控制。在实践中，常用的强化手段有三种类型，即正强化、负强化和消退强化。正强化是指对人的某种行为给予肯定和奖赏，以使其重复这种行为。良好的行为得以强化，好的行为就会持续下去；否则，人的积极性就会消退。负强化是指对人的某种行为给予否定或惩罚，使之减弱或衰退，以防止类似的行为再度发生。消退强化是指管理者对员工的不良行为不予理睬，采取视而不见的态度，让行为者感到自己的行为得不到承认，慢慢终止该行为。

应用强化理论的行为原则如下：①激励需要正强化与负强化相结合；②以正强化为主，负强化为辅，这样可以激励更多的人；③及时强化，即强化激励要讲求时效性。

（4）挫折理论

挫折指的是个体实现目标的努力遭受阻碍后导致其需要和动机不能获得满足时的情绪状态，它是一种普遍存在的社会心理现象。任何人的一生都不可能是一帆风顺的，个人目标的实现总会碰到种种内在和外在的干扰。辩证地看，挫折既是坏事，也是好事。它既可以使人失望、痛苦、消沉，甚至一蹶不振，也可以使人清醒、成熟、坚强，从逆境中奋起。挫折的上述两重性既对立统一，又能在一定条件下相互转化。个体在面临挫折时，经过主观努力，吸取教训，可以把坏事转化为好事，把消极因素转化为积极因素。

因为受挫折的人各有特点，所以其受挫折后的行为表现也总有差异。一般有这两类行为：有的人采取的是积极进取的态度，即采取减轻挫折和满足需要的积极适应的态度；有的人采取的是消极甚至对抗的态度，其主要特点是攻击、冷漠、忧虑、固执和妥协等。

对管理者来说，最重要的是找到对待受挫折成员的有效方式，化消极因素为积极因素。一般可采用的方法有：采取宽容的态度，善待受挫折者；提高其认识，使其明辨是非；改变环境；帮助受挫折者设立目标、重树信心；心理咨询；等等。

3.综合激励理论

综合激励理论是波特（Lyman W. Porter）和劳勒（Edward E. Lawler）开拓的一种全新的激励理论，其被用于调动员工的工作积极性。这一理论的主要贡献是把两方面的激励综合起来，这两个方面分别是行为主义的外在激励与认知主义的内在激励。波特和劳勒还深入探讨了个人对于工作的满足以及工作结果之间的关系。对工作的满足在很大程度上有赖于最终受到的激励情况是否能够满足其预期需求。如果激励等于甚至大于其预期，那么个人的积极性往往会被调动起来，其内在的满足感也会得到相应提高。而如果激励小于其预期的目标，那么个人的积极性往往无法被调动。这种激励对于个人工作目标的达成来说，是不会产生太大影响的。此外，在这种情况下，个人的自信心将会受到很大打击。

二、事业单位的人员激励

事业单位的人员激励主要是通过对事业单位工作人员的奖励与惩罚（简称奖惩）来实施的。借鉴西方激励理论与方法，结合我国国情，要有效地开发与管理事业单位人力资源，就必须建立和推行科学严明的事业单位工作人员奖惩制度。

  国家行政机关和有关公共事业单位依据法律规定的标准、条件和程序，对在公务活动中成绩突出的事业单位工作人员给予物质、精神嘉奖，对行为失职的事业单位工作人员进行处罚、制裁。实行奖惩制度有助于建立组织竞争与发展机制，有助于调动广大职工的工作积极性和创造性。事业单位工作人员奖惩是事业单位人力资源管理的重要环节。

（一）事业单位工作人员奖惩的作用

1.激励与约束

  激励与约束是奖惩最基本的作用。奖励就是通过精神、物质手段使工作业绩优异者与工作业绩一般者区分开来，并得到实际的利益、社会荣誉等，从而激发工作业绩优异者以及组织其他成员更加努力工作，积极履行义务，创造更大业绩。惩罚是通过行政强制的方式，严厉惩戒违反组织规则和职业道德的人员，使失职违纪者切实体会到犯了错误的耻辱和压力，从而反方向强化他们的行为，鞭策他们改正错误，勇往直前。

2.引导和示范

  奖惩针对的是某种特定的行为。借助奖惩手段，组织可告诉每一个成员，哪些行为是组织认可并且大力倡导的，而哪些行为是被组织唾弃的，怎么做可以获得荣誉，怎么做会招致惩处，从而使事业单位工作人员更加明确自身的行为规范，引导他们在公共事务管理活动中，正确使用手中的权力，努力为公众服务，提高服务质量。

3.竞争和发展

  使用奖惩，可创造一种竞争性的组织环境。被奖励者和被处罚者都是组织中极少的一部分人，而不是组织的全体成员。奖惩塑造了这样的组织环境：事业单位工作人员只有努力工作，不断进取，取得突出业绩，才有权利得到奖励；而一旦不能满足组织的要求，会受到惩罚。如果事业单位工作人员不想落伍，就必须努力、勤奋地工作。正是这种竞争机制的存在，推动了事业单位的发展和事业单位工作人员个人素质的提高。

（二）事业单位工作人员奖惩的原则

作为管理者法定权力的一部分，奖惩是人力资源管理中一项原则性、技巧性很强的措施。事业单位在人力资源管理中要掌握奖惩使用的策略，发挥好奖惩手段的作用，并坚持以下原则：

1.公平合理的原则

对事业单位所有工作人员，必须按同一尺度进行奖惩，其措施也必须适当和适度、符合条件，具有说服力，这样才能起到应有作用。

2.奖惩结合，注重时效的原则

奖励和惩罚结合起来使用，能取得更好的效果。在使用奖惩时，要注重时机，否则会削弱奖惩的意义。

3.物质奖励和精神奖励相结合的原则

物质奖励和精神奖励相辅相成，二者结合使用有助于调动事业单位工作人员的积极性和创造性。

4.教育与惩戒相结合的原则

教育与惩戒相结合才能达到惩前毖后、变后进为先进的目的。

5.必要监督的原则

必要的监督是维护奖惩的严肃性和公正性，确保事业单位工作人员合法权益的必要措施。

（三）事业单位工作人员奖惩的条件和种类

1.事业单位工作人员奖励的条件

《事业单位工作人员奖励规定》第五条指出："事业单位工作人员和集体必须坚持和加强党的全面领导，坚决维护习近平总书记的核心地位，坚决维护党中央权威和集中统一领导。有下列情形之一的，可以给予奖励：（一）在贯彻执行党的理论和路线方针政策，加强事业单位党建工作，履行公共服务的政治责任等方面，表现突出、成绩显著的。（二）在执行党和国家重大战略部署、重要任务、承担重要专项工作、维护公共利益、防止或者消除重大事故、抢险救灾减灾等方面，表现突出、成绩显著的。（三）热爱公共服务事业，在推进教育、科技、文化、医疗卫生、体育、农业等领域改革发展方面，表现突出、成绩显著的。（四）长期服务基层，在为民服务、爱岗敬业、担当奉献等方面，表现突出、成绩显著的。（五）工作中有发明创造、技术创新、成果转化等，经济效益或者社会效益显著的。（六）在维护国家安全和社会稳定、增进民族团结、同违纪违法行为作斗争等方面，有突出事迹和功绩的。（七）在对外交流与合作、重大赛事和活动中为国家争得荣誉和利益，表现突出、成绩显著的。（八）有其他突出成绩和贡献需要给予奖励的。"

2.事业单位工作人员奖励的种类

《事业单位工作人员奖励规定》第六条指出："对事业单位工作人员和集体可以嘉奖、记功、记大功、授予称号。（一）对表现突出、作出较大贡献，在本单位发挥模范带头作用的，给予嘉奖；（二）对取得突破性成就、作出重大贡献，在本地区本行业本领域产生较大影响的，记功；（三）对取得重大突破性成就、作出杰出贡献，在本地区本行业本领域产生重大影响的，记大功；（四）对功绩卓著的，授予称号。授予称号以及荣誉称号，按照《中国共产党党内功勋荣誉表彰条例》、《国家功勋荣誉表彰条例》等有关规定执行。"

对获得嘉奖、记功、记大功的事业单位工作人员和集体，由奖励决定单位颁发奖励证书；获得记功、记大功的，同时对个人颁发奖章，对集体颁发奖牌。奖励证书、奖章和奖牌，按照中央事业单位人事综合管理部门规定的式样、规格、质地，由省（自治区、直辖市）级以上事业单位人事综合管理部门统一制作或者监制。奖励相关审批材料分别存入本人干部人事档案、单位文书档案。

对获得嘉奖、记功、记大功的事业单位工作人员给予一次性奖金。获奖人员所在地区或者单位经批准可以追加其他物质奖励。经批准的奖励所需经费，通过相关单位现有经费渠道解决，不计入工作人员所在单位绩效工资总额。

对事业单位工作人员集体进行奖励的，可以同时对该集体中作出突出贡献的个人进行奖励。对符合奖励条件的已故人员，可以追授奖励。

对获得奖励的事业单位工作人员和集体，可以结合实际以内部通报表扬、评优评先等形式进行褒奖，并在工作上、生活上给予关心关怀，激励其珍惜和保持荣誉，发挥先进典型示范引领作用。

3.事业单位工作人员惩罚的种类

事业单位工作人员惩罚一般指处分。

《事业单位人事管理条例》第二十九条指出："处分分为警告、记过、降低岗位等级或者撤职、开除。受处分的期间为：警告，6个月；记过，12个月；降低岗位等级或者撤职，24个月。"

事业单位工作人员受到警告处分的，在作出处分决定的当年，参加年度考核，不能确定为优秀档次；受到记过处分的当年，受到降低岗位等级处分的当年及第二年，参加年度考核，只写评语，不确定档次。

事业单位工作人员受到降低岗位等级处分的，自处分决定生效之日起降低一个以上岗位和职员等级聘用，按照事业单位收入分配有关规定确定其工资待遇；对同时在管理和专业技术两类岗位任职的事业单位工作人员发生违规违纪违法行为的，给予降低岗位等级处分时，应当同时降低两类岗位的等级，并根据违规违纪违法的情形与岗位性质的关联度确定降低岗位类别的主次。

事业单位工作人员在受处分期间，不得聘用到高于现聘岗位和职员等级。受到开除处分的，自处分决定生效之日起，终止其与事业单位的人事关系。

4.事业单位工作人员惩罚的条件

《事业单位人事管理条例》第二十八条指出："事业单位工作人员有下列行为之一的，给予处分：（一）损害国家声誉和利益的；（二）失职渎职的；（三）利用工作之便谋取不正当利益的；（四）挥霍、浪费国家资财的；

（五）严重违反职业道德、社会公德的；（六）其他严重违反纪律的。"

（四）事业单位工作人员奖惩的管理权限和程序

1. 奖惩的管理权限

（1）奖励的管理权限

《事业单位工作人员奖励规定》第七条指出："给予党中央、国务院直属事业单位工作人员和集体的嘉奖、记功、记大功，由本单位按照干部人事管理权限作出。给予中央各部门所属事业单位工作人员和集体的嘉奖、记功、记大功，由本单位或者主管部门按照干部人事管理权限作出。其中，记大功奖励方案，应当事先征得中央事业单位人事综合管理部门同意，并在作出记大功奖励决定后1个月内备案。"

《事业单位工作人员奖励规定》第八条指出："给予省（自治区、直辖市）级以下事业单位工作人员和集体奖励，按照下列权限进行：（一）嘉奖。省（自治区、直辖市）级、市（地、州、盟）级事业单位由本单位或者主管机关（部门）按照干部人事管理权限作出，县（市、区、旗）级以下事业单位报县（市、区、旗）级事业单位人事综合管理部门批准并作出。（二）记功。省（自治区、直辖市）级事业单位由本单位或者主管机关（部门）按照干部人事管理权限作出，市（地、州、盟）级以下事业单位报市（地、州、盟）级事业单位人事综合管理部门批准并作出。（三）记大功。报省（自治区、直辖市）级事业单位人事综合管理部门批准并作出。上述由事业单位或者主管机关（部门）作出的奖励决定，应当在1个月内向同级事业单位人事综合管理部门备案。"

《事业单位工作人员奖励规定》第九条指出："省（自治区、直辖市）级以上事业单位人事综合管理部门可以会同相关行业主管部门开展奖励。市（地、州、盟）级以上事业单位人事综合管理部门可以跨层级对下级事业单位工作人员和集体作出嘉奖、记功奖励决定。"

(2) 惩罚的管理权限

《事业单位工作人员处分规定》第二十四条指出："对事业单位工作人员的处分，按照干部人事管理权限，由事业单位或者事业单位主管部门决定。开除处分由事业单位主管部门决定，并报同级事业单位人事综合管理部门备案。对中央和地方直属事业单位工作人员的处分，按照干部人事管理权限，由本单位或者有关部门决定；其中，由本单位作出开除处分决定的，报同级事业单位人事综合管理部门备案。"

2. 奖惩的程序

（1）奖励的一般程序

奖励的一般程序可参考《事业单位工作人员奖励规定》第十二条。

《事业单位工作人员奖励规定》第十二条指出："定期奖励工作一般按照下列程序进行：（一）有关机关（部门）或者事业单位依据奖励权限制定奖励工作方案，明确奖励范围、条件、种类、比例（名额）、程序和纪律要求等，并予以公布。（二）主管机关（部门）或者事业单位提出奖励建议名单，逐级上报。（三）奖励决定单位审批。根据需要组织评选或者听取业内专家、服务对象等有关方面意见；对拟奖励名单，应当听取纪检监察机关的意见，涉及领导人员的，应当按照干部管理权限事先征得组织人事部门同意。（四）在奖励决定单位管辖范围内对拟奖励名单进行公示，公示期不少于5个工作日。因涉及国家秘密不宜公开的，可以不予公示。（五）作出奖励决定并予以公布。因涉及国家秘密不宜公开的，可以不向社会公布。"

（2）惩罚的一般程序

惩罚的一般程序可参考《事业单位工作人员处分规定》第二十五条。

《事业单位工作人员处分规定》第二十五条指出："对事业单位工作人员的处分，按照以下程序办理：（一）对事业单位工作人员违规违纪违法行为初步调查后，需要进一步查证的，应当按照干部人事管理权限，经事业单位负责人批准或者有关部门同意后立案；（二）对被调查的事业单位工作人员的违规违纪违法行为作进一步调查，收集、查证有关证据材料，并形成书面调查报告；（三）将调查认定的事实及拟给予处分的依据告知被调查的事业单位工作人员，听取其陈述和申辩，并对其所提出的事实、理由和证据进行复核，记录在案。被调查的事业单位工作人员提出的事实、理由和证据成立的，应予采信；（四）按照处分决定权限，作出对该事业单位工作人员给予处分、免予不予处分或者撤销案件的决定；（五）处分决定单位印发处分决定；（六）将处分决定以书面形式通知受处分事业单位工作人员本人和有关单位，并在一定范围内宣布；（七）将处分决定存入受处分事业单位工作人员的档案。"

三、事业单位工作人员激励机制

（一）事业单位激励机制的功能

就事业单位激励机制而言，事业单位本身作为激励主体，其员工为激励客体。事业单位将物质激励和精神激励的内容以激励标准的形式规范下来，通过向工作人员传播激励标准进而引导其行为方式和价值观念，以实现共同的行政目标。

事业单位激励机制的功能主要有以下几点：

1.强化个人动机，使个人愿意完成组织要求的工作

事业单位激励机制有助于激发人对实现目标的内心渴望，从而强化人的动机。事业单位激励机制还可以通过物质激励和精神激励手段激发工作人员的工作积极性，使个人愿意完成组织要求的工作。

2.挖掘事业单位工作人员的潜力，提高其个人素质

在知识经济时代，职业竞争越来越激烈。一个人只有不断学习，才能跟上职业发展的步伐，提高自己的职业竞争力。事业单位工作的稳定性高于其他行业，有些工作人员学习动力不足。要改变这种现状，事业单位可通过激励机制

挖掘工作人员的潜力，提升工作人员学习、工作的动力，进而提高工作人员的个人素质。

3. 吸引人才加入事业单位

事业单位工作人员也关心自己的收入水平，会考虑自己获得晋升机会的概率等。事业单位只有结合自身优势设定出有效的激励机制，才能保证自己在与其他行业的人才争夺中不会处于劣势，才能保证优秀人才不至于因待遇差等原因流失，才能提高工作人员队伍的稳定性。

（二）事业单位与其他部门激励机制的区别

1. 目标导向

任何形式的正式组织都可以定义自己的使命和目标，从而确定自己的努力方向。事业单位主要致力于社会效益，更应该坚持目标导向，引导工作人员把组织目标与个人目标统一起来。

2. 激励方式

事业单位激励手段的灵活性较低。企业可以依据员工的实际需要采取相应的激励方式，可以根据自己的情况量身定制薪酬体系，而事业单位则不能。例如，在薪酬激励上，事业单位往往受制于既定的法律、政策、规定等。

3. 绩效评价

事业单位作为公共服务组织，其员工的绩效评价往往只能采取一些间接性的指标，因为事业单位所创造的社会效益通常要在一个比较长的周期内才能体现出来，且有时无法以货币指标去衡量。

4. 约束机制

一个组织要想成功，就要适时对员工不尽职行为进行约束。这里涉及两个问题，一个是对这类问题的有效发现，另一个是对这类问题的有效惩戒。对于第一个问题，事业单位解决起来可能更为困难，因为对事业单位工作人员的行为进行监督往往花费较高，靠一个部门往往难以完成。

(三) 事业单位人力资源激励机制的主要方式

我国事业单位人力资源的激励坚持精神激励与物质激励相结合，以精神激励为主的原则。物质激励就是通过运用外部物质影响因素，如增加或减少工资、奖金、福利和补贴，以及随着职务升降而引起的物质利益变动等来激励事业单位工作人员；精神奖励则是通过包括书面嘉奖、记功、授予荣誉称号、提供培训机会等正向激励形式，以及警告、记过等负向激励形式来激励事业单位工作人员。

我国事业单位人力资源激励机制的主要方式有薪酬激励、考核激励、晋升激励、培训激励、竞争激励等五种形式。

1.薪酬激励

我国事业单位的薪酬仍以工资为主要表现形式，它是事业单位工作人员以自己的知识和能力在一定时间内为国家和人民服务所得的劳动报酬。现在事业单位工作人员的薪酬水平基本处于社会平均薪酬水平以上，事业单位工作人员的工作积极性得到了一定提高，从某种程度上控制了一定层次的事业单位工作人员流失的问题。

2.考核激励

考核激励是对组织内部人员的工作业绩通过量化方式进行全面、系统、客观的评价，涉及组织人员的薪金调整、奖金发放和职务升迁等诸多切身利益。考核对事业单位工作人员的激励作用主要体现在考核标准的导向作用、考核过程的压力作用和考核结果的评价作用。通过考核，管理层可了解在职人员的具体情况，从而更好地进行奖惩。

3.晋升激励

事业单位工作人员的晋升激励是指为了进一步激发工作人员的工作热情，而将工作人员由原来的职位选拔到更高的、承担责任更大的职位上。

与物质激励相比，晋升激励是一种较为节约成本的激励方式。晋升激励的第一步，是规范晋升的途径。也就是说，为每一个员工指明他所在的岗位应该朝哪个方面晋升。这个晋升不是指个人的晋升,而是指这个岗位未来的晋升方向。职位晋升是我国事业单位工作人员精神激励中最传统和最普遍的方式,晋升激励作为精神激励的主要方式发挥了重要作用。

4. 培训激励

我国各地、各级事业单位通过举办各级各类培训班,制定和落实定期轮训等制度,争取实现全员轮训,使广大事业单位工作人员的思想政治素质、业务能力、文化素养等得到提高,使广大事业单位工作人员的依法行政和公共服务能力进一步增强。

5. 竞争激励

竞争激励是我国事业单位人力资源激励机制的核心,它贯穿我国事业单位人力资源管理制度的始终,主要表现在部门人员的考试录用、晋升与降职、职务任免,以及辞退制度等方面。目前,事业单位人力资源竞争机制的各项管理规定逐步落实,竞争择优的用人机制基本确定。

参 考 文 献

[1] 冯拾松，李菁羚. 人力资源开发与管理[M]. 4版. 北京：高等教育出版社，2022.

[2] 郭云贵. 人力资源管理：慕课版[M]. 武汉：华中科技大学出版社，2021.

[3] 黄建春. 人力资源管理概论[M]. 重庆：重庆大学出版社，2020.

[4] 蒋俊凯，李景刚，张同乐. 现代高绩效人力资源管理研究[M]. 北京：中国商务出版社，2019.

[5] 焦艳芳. 人力资源管理理论研究与大数据应用[M]. 北京：北京工业大学出版社，2021.

[6] 金艳青. 人力资源管理与服务研究[M]. 长春：吉林人民出版社，2021.

[7] 郎虎，王晓燕，吕佳. 人力资源管理探索与实践[M]. 长春：吉林人民出版社，2021.

[8] 李燕萍，李锡元. 人力资源管理[M]. 3版. 武汉：武汉大学出版社，2020.

[9] 刘晓光，马静，王瑾. 公共部门人力资源管理与开发[M]. 长春：吉林科学技术出版社，2020.

[10] 宁宁. 公共人力资源与政府绩效管理优化[M]. 长春：吉林人民出版社，2021.

[11] 彭剑锋. 人力资源管理概论[M]. 3版. 上海：复旦大学出版社，2018.

[12] 彭良平. 人力资源管理[M]. 武汉：湖北科学技术出版社，2021.

[13] 祁红梅，田莉莉，林健. 人力资源管理风险规避研究[M]. 长春：吉林人民出版社，2021.

[14] 孙柏瑛，祁凡骅. 公共部门人力资源开发与管理[M]. 5版. 北京：中国人

民大学出版社，2020.

[15] 孙鹏红，王晖. 现代人力资源管理优化研究[M]. 长春：吉林人民出版社，2021.

[16] 谭融. 公共部门人力资源管理[M]. 3 版. 天津：天津大学出版社，2017.

[17] 田克娜，王菲，周宏志. 人力资源开发与管理研究[M]. 长春：吉林科学技术出版社，2023.

[18] 王文军. 人力资源培训与开发[M]. 长春：吉林科学技术出版社，2019.

[19] 王铮，杨夏薇，潘元. 人力资源开发与薪酬绩效管理研究[M]. 北京：中国纺织出版社有限公司，2021.

[20] 薛晓辉. 事业单位人力资源开发与管理[M]. 北京：经济管理出版社，2023.

[21] 杨少杰. 人力资源管理演变：揭示组织发展与变革基本规律[M]. 北京：中国法制出版社，2021.

[22] 杨武岐，田亚明，付晨璐. 事业单位内部控制[M]. 北京：中国经济出版社，2018.

[23] 杨园. 当代人力资源管理创新实践研究[M]. 北京：北京工业大学出版社，2022.

[24] 余璇，董甜甜，张明涛，等. 可持续性人力资源开发与管理：积极心理学的力量[M]. 成都：西南财经大学出版社，2022.

[25] 张利勇，杨美蓉，林萃萃. 人力资源管理与行政工作[M]. 长春：吉林人民出版社，2021.

[26] 张晔. 农业科研事业单位人力资源管理实践与探索[M]. 北京：中国农业科学技术出版社，2018.

[27] 章小波. 公共部门人力资源管理[M]. 广州：广东人民出版社，2017.

[28] 周鸿. 事业单位人力资源管理工作手册[M]. 2 版. 北京：中国劳动社会保障出版社，2018.

[29] 朱铁一.转企改制中的人力资源管理实务[M].济南：山东大学出版社，2011.

[30] 朱舟.人力资源管理[M].3版.上海：上海财经大学出版社，2020.